収入が増えなくても貯蓄が2倍になる方法

JN148376

大上ミカ
マネーライター・FP

はじめに

はじめまして。マネーライター・ファイナンシャルプランナー（ＦＰ）の大上ミカと申します。ライターとして毎月、全国各地のお金が貯まる人を取材し続け、かれこれ10年。これまでに、１０００人以上の方のお金のやりくりや生活習慣を拝見してきました。

お金が貯まる人の取材と言っても、私が取材するのはいわゆるお金持ちではなく、年収が３００万円台～５００万円台のごく一般的な家庭の方が中心。小さなお子さんがいる主婦の方、一人暮らしのＯＬさん、共働きのご夫婦などが多いです。どの方も少しでも家計をよくしようと、お金と暮らしに真面目に向き合っている方ばかりです。

さて突然ですが、ここで1つ質問を。みなさんは、この1年でどのぐらい貯蓄できましたか？

もしその金額が倍になったら、どうでしょう？　嬉しいと思いませんか？

なんて言うと、まるであやしい儲け話の勧誘のようですが、本書でお伝えしたいのは、高リスクな投資やギャンブルで一攫千金を狙おうというものではありません。また、副業で収入を増やして貯蓄する、というものでもありません。もっと単純に、家計をきちんと管理し、ムダな支出を減らして貯蓄を倍速化させよう、というものです。

「家計管理だけで、貯蓄を増やせるはずがない」「そもそも年収が少ないのに、貯蓄がそんなに増えるわけない」と、思われる方も多いかもしれませんね。

ところがそれが、できるのです。前述した通り、私が取材をしているのは年収300万円台～500万円台の人が中心。それでも、

- **1000万円を6、7年で貯めている**
- **共働きで1人分の収入を丸ごと貯めている**
- **年収の3割以上を貯蓄に回している**
- **年200万円ペースで貯めている**

といったレベルで貯めている人は、けっこういます。1000万円を2回、3回と貯めた人もいます。しかも、こうした「めちゃ貯まる人」たちはみんな、最初から貯められたわけではなく、赤字家計や借金持ちだった人もいるほど。それでもていねいに家計管理の腕を磨き続けることで、貯蓄を2倍どころか何倍にも増やしていき、やがてめちゃ貯まる状態になっていく事例をこの目で何度も見てきました。

そして、何度取材しても驚きなのですが、こうしためちゃ貯まる状態になった人に、苦しい節約を頑張っている人は1人もいません。むしろ欲しいものをあきらめたりせず、とても幸せそうにお金を使っています。

どうしたら、そんな風にお金をラクに大きく貯めていけるのか。同じように努力しても、人によって結果が違ってくるのはなぜなのか。

私は、このめちゃ貯まる人のお金の使い方や、家計管理の方法を取材するうちに、そこには多くの共通点があることに気づきました。

たとえば、ムリなくできるシンプルなやりくりを徹底して続けていたり、家計は年間をベースに考えたり、お金を使うポリシーがどんな時も一貫していたり。方法は違っても重要視していることは同じ。そうした共通点は雑誌で紹介するたびに、大反響を呼びました。

「そんなことで、貯蓄が大きく増やせるはずはない」と思われるかもしれませんが、貯まらない人を取材してみると「そんなこと」すら、できていない人がとても多いです。
自身のムダは見て見ぬふりをし、なんとなくお金を使っていては、いつまでも貯蓄は横ばい。投資でいくら儲けても、お金をいくら稼いでも、管理がおろそかでムダに出ていくお金が多くては、貯蓄を増やすことはできません。

結局、貯まらない人と貯まる人を分けるのは、お金をいかに自分の意志でコントロールできるか、その管理力の違いだと思います。
本書を通じ、お金の管理の大切さ、めちゃ貯まる人の貯蓄のコツが少しでもお伝えできれば、とても嬉しく思います。

本書の登場人物

はじめまして、たま子です。サラリーマンの夫と４歳の娘との三人暮らしです。家計簿はつけていますが、何がムダかよくわからず……。子どもの教育費も心配だし、とにかくお金を貯めたいです！

どうも、タメオです。一人暮らしの独身サラリーマンです。小遣い欲しさに軽い気持ちで手を出したＦＸで大ケガして、超焦ってます……！　心を入れ替え、まずは10万円まで減ってしまった貯蓄を復活させねば！

はじめまして、大上です。めちゃ貯まる人を取材して見つけた共通点をベースに、ＦＰとしてめちゃ貯まる家計管理のコツをお二人と一緒にガイドします。どうぞよろしくお願いします！

本書の使い方

● 誰でもマネできる共通点だけ、集めました

本書は、めちゃ貯まる人に共通する家計管理のコツをご紹介しています。誰でもでき、かつ効果が高いものだけを選んでいますので、初心者の方もお気軽にお試しいただけます。

● 第１章以外はどこから始めてもOKです

どこから取り組んでいただいても大丈夫ですが、第１章「めちゃ貯まるマインド」だけは最初にお読みください。めちゃ貯まる家計管理のベースとなる考え方が書かれています。

● 三日坊主でも大丈夫！　自分をほめて進みましょう

途中でやる気をなくしてやめてしまっても、次はその続きから始めればヨシ。「どうせ続かない」などと思わず、行動に移せた自分をほめ、一歩ずつ進んで行きましょう！

● めちゃ貯まる人の考え方を取り入れましょう

本書でご紹介する方法が、必ずしもあなたのベストとは限りません。合わないものはめちゃ貯まる人の考え方やポイントを取り入れ、ご自身の家計管理に活かすことを目指してください。

もくじ

はじめに　2
本書の使い方　7

chapter 1
めちゃ貯まるマインド
——めちゃ貯まる家計には、ポリシーがあります

1　めちゃ貯まる人とは、家計を「管理」できる人のことです　16
2　めちゃ貯まる人の家計には、「欲しいもの」がベースにあります　20
3　自分にとってムダなお金を自覚しています　27
4　衣食住と心を大切にして、お金にポジティブに取り組める自分を維持します　34

chapter

2

めちゃ貯まる現状の把握

——めちゃ貯まる人はみんな、「自分のお金のプロ」です

1 めちゃ貯まる人は、家計にグレーゾーンがありません 40
2 1カ月に必要なお金は何に、いくらか。生活コストを熟知しています 44
3 年間でかかる出費には、繊細な注意を払っています 51
4 年間生活コストを頭に入れ、家計の全体像をとらえることを常に意識しています 55
5 将来かかるお金についても、かなり先まで見通しています 58
6 めちゃ貯まる人は、毎月必ず給与明細を見ています 61
7 今いくら貯まっているか、総貯蓄額をさらっと言えちゃいます 67

chapter 3

めちゃ貯まる予算と計画

――お金はすべて「年間」で考えます

1 お金は使うのも、貯めるのも「年間」で考えます 76
2 予算は全体をながめ、大きな部分から見直していきます 80
3 各予算を決める時は、どのお金で用意するかもセットで考えます 83
4 食費は「どこまでが食費なのか」をルール化しています 89
5 貯蓄は「先取りでコツコツ」が最強と知っています 94

chapter 4

めちゃ貯まる口座と家計簿

――シンプルで、ストレスフリーなやりくりを徹底しています

1 めちゃ貯まる人は、「シンプルなやりくり」にとことん徹しています 102
2 口座は予算ごとに分け、お金の流れを「見える化」します 105
3 めちゃ貯まる人は「ほったらかしで貯まる仕組み」を愛用しています 110
4 月の出費の管理は「紙1枚」を目指します 113
5 年間の出費の管理も「紙1枚」を目指します 119
6 「あといくら」と「何にいくら」がパッと見てわかるシステムを持っています 122
7 お金のことに集中できる「時間」と「場所」を確保しています 127

chapter 5

めちゃ貯まるコストカット

――明確な優先順位がムダを貯蓄に変えていきます

1 ただ削るのではなく「買う意味」を考えて取捨選択します 136
2 めちゃ貯まる人は「通信費」のムダをとても嫌います 139

3 病気や万一をむやみに心配せず、公的な保障をまず調べます 143
4 加入している保険を並べ、ムダになっている保障を見直します 147
5 「水道光熱費」は、お金がかかる根元に注目して、ケチケチせず減らします 153
6 「日用品費」はリストがカギ。必要量を把握してコストカットに励みます 156
7 「食費」は安く買うより使いきりを意識。削らないで減らします 158
8 「衣服費」と「交際費」はブレーキルールを決めて、青天井になるのを防止 161

chapter 6

めちゃ貯まる節税と投資

――貯蓄を増やせるお得な制度は、どんどん取り入れます

1 お金のリテラシーを高め、税金を減らすことを意識しています 170
2 めちゃ貯まる人は「iDeCo」の節税効果に注目しています 173
3 投資は苦手だった人も、iDeCoではデビューしています 179

4 細かい点に注意してiDeCoを最大限に活用します 182
5 個人年金保険も貯蓄しながら節税できる金融商品です 186
6 使える控除はもれなく申告します 190
7 ふるさと納税でお米を貯蓄に変えています 192

貯蓄が2倍になるワーク 202
おわりに 205

1

めちゃ貯まるマインド

――めちゃ貯まる家計には、ポリシーがあります

point

1　お金は「テク」だけでは貯まりません

2　貯め方よりも使い方を重視します

3　暮らしを大切にし、前向きな自分を維持

1-1 めちゃ貯まる人とは、家計を「管理」できる人のことです

家計を管理できるって、実はすごいことなんです

めちゃ貯まる人は、家計の管理が上手です。特別なことをしなくても家計を管理するだけで、1000万円だって貯めちゃえます――。これは、紛れもない事実。ですが、「家計を管理するだけ」＝「家計の管理は簡単」という意味ではありません。なぜなら、お金の管理はあまりにもやるべきことが多いからです。

たとえば、毎月の収入やボーナス。日々の出費、貯蓄の目標に毎月の予算。お金の流れ、家計簿、銀行の口座、現金、クレジットカードに電子マネー、ポイントに投資……

など、数えだしたらキリがないほど、私たちの生活は毎日、いろいろな「お金」とにらめっこの連続です。

さらに厄介なのは、ここに自分の気持ちや考えが加わることです。時々やってくるどうしようもない物欲や、やる気の浮き沈み。今買わないと損する、少しでも安く買いたいといった損得勘定。必要かどうか、どのお金で払うかの判断。実際にお金を使う時の私たちの頭と心は、とても目まぐるしく、複雑に揺れ動きます。

こうした複雑かつ多岐にわたる要素を、仕事や家事、育児をこなしながら見ていかないといけないわけですから、お金の管理ができるということは実はとてもすごいこと。**相当なマネジメント力があるという証**です。

その証拠にめちゃ貯まる人はみんな、お金だけでなくものや時間の管理にも長けています。どの家も、部屋の中はスッキリと使いやすく片付き、仕事や家事に忙しくてもやりたいことを実現し、常にゆとりも維持しているのです。

家計は全体を見て、自分の意志で動かします

家計の管理は何か1つ頑張ればいいというものではなく、全体を見る視点が大切。家計簿はできても、物欲をコントロールできなければ衝動買いに安易に走り、ムダな出費は減らせません。また、クレジットカードのポイントをいくら上手に貯めても、予算の管理がずさんでは、結局お金は残りません。

複雑で多岐にわたるお金の要素をわかりやすく整理して、**すみずみまで自分の意志で動かしていく**。めちゃ貯まる人は、物欲やストレスもひっくるめて調整し、目標を実現するためにお金を**自分のルールの中で管理していきます**。

お金に振り回されるのではなく、自分の意志でコントロールする。

めちゃ貯まるスタートラインにまず必要なのは、その心がまえです。

めちゃ貯まる人、貯まらない人

めちゃ**貯まる人**は
欲望と予算の管理ができる

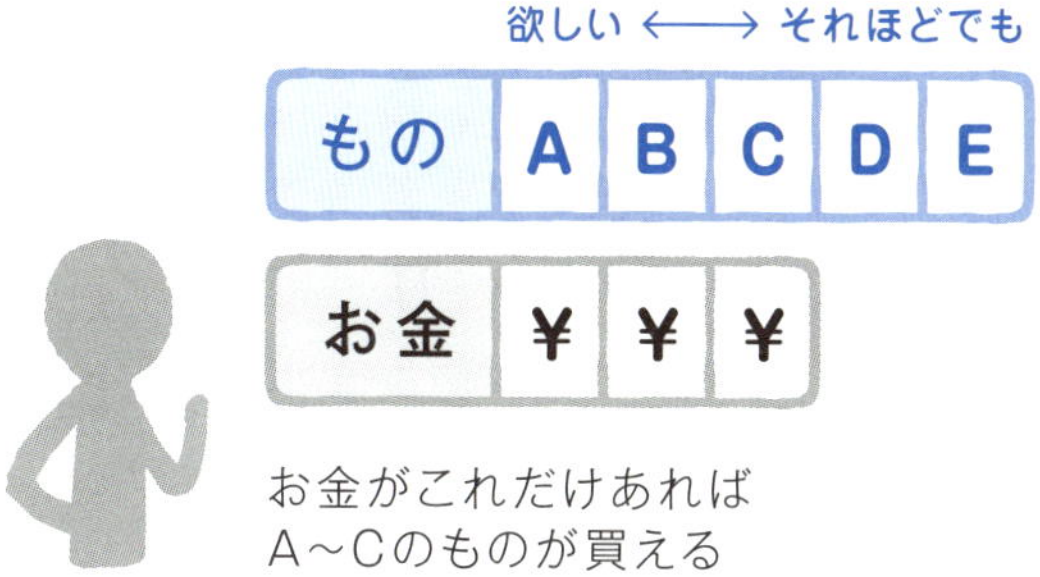

貯まらない人は
欲望と予算の管理ができない

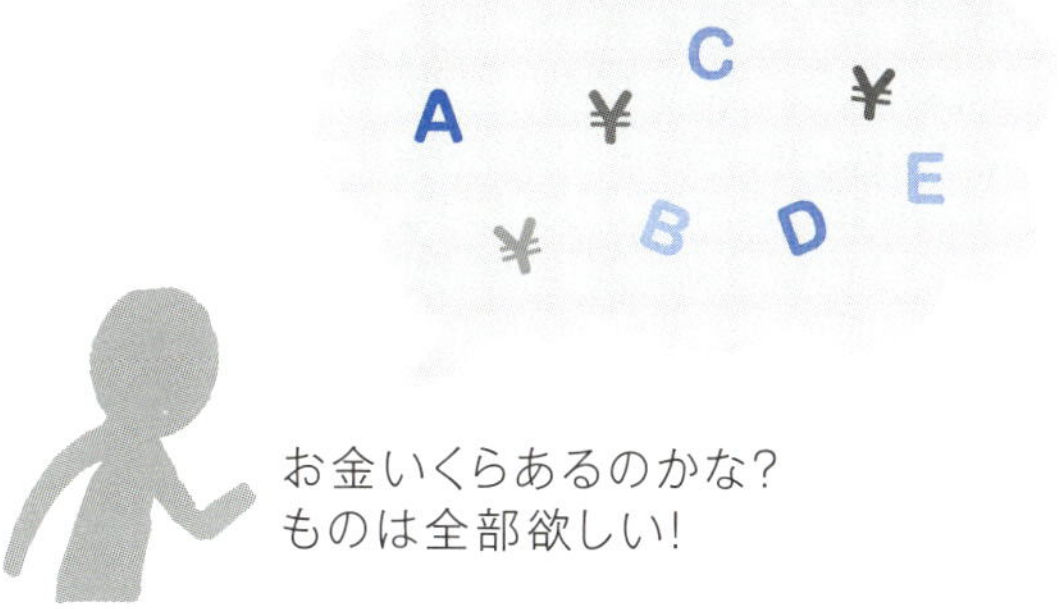

1-2 めちゃ貯まる人の家計には、「欲しいもの」がベースにあります

いくら貯めるかより、お金をどう使いたいかを考えます

めちゃ貯まる人の家計管理の共通点は、目的がはっきりしていることです。目的がまずあり、そこに向かって予算を調整する。実現するためにどうすればいいかを考え、お金を調整しながら動かしていくのです。

そもそもお金は、何かと交換するためのツール。私たちの暮らしは、ほとんどすべてと言っていいぐらい、お金と交換したもので成り立っています。家、車、食材、ベッド、テレビ、スマホなど、あらゆるものはお金が姿を変えたものです。考えてみれば**貯蓄だっ**

て**「未来で何かと交換するためのお金」**ですよね。

ただ、残念なことに使えるお金には限りがあります。旅行もスキルアップも服もグルメもと、行き当たりばったりに交換していては、お金はいつまでも貯まりません。

限りあるお金を、自分はどう使っていきたいのか。何と交換したいのか。

めちゃ貯まる人は、ここをしっかり考えます。**お金の貯め方ではなく、使い方に集中するのです**。実はこれこそがお金の管理をラクにし、貯蓄を伸ばすコツ。使い方に集中すると、次のように家計のあらゆる面で良い効果が現れます。

- **買うべきものの優先順位がつけられ、ムダな出費が減る**
- **貯蓄の目標が具体的になり、実現に向けたプランを立てられる**
- **好きなことにお金を使えるのでストレスがない**
- **ムリのない予算が組め、ラクにやりくりできる**
- **人と比べて苦しまないですむ**
- **挫折しても、立て直す方向がわかるのですぐ軌道修正できる**

自分は何が譲れて、何が譲れないのか。これを家計のベースにすることで、**出費の見直しも貯蓄の計画も、自分が納得できる答えを出していけます**。家計を早く、ラクに改善させていけるのです。

本当に欲しいものを書くと、家計の軸が見えてきます

お金の使い方を考える時、めちゃ貯まる人が使うのが「欲しいものリスト」です。紙とペンを用意して、欲しいものや叶えたいことを書いてみましょう。

書き出すものは家や車、留学や旅行、資格取得などなんでもかまいません。「シンプルな部屋」「ヘルシーな食生活」など、ライフスタイル的なものでもOKです。

「人が見たら、くだらないと思うかも」

「こんなものより、もっとお金を使うべきものがあるはず」

「高いからムリ」

など、余計なことを考える必要はありません。大切なのは**純粋に、心から欲しいと思うものを書くこと**。ここで自分にウソをついたり、妥協したりしてはお金の使い方もウソになってしまいます。

本当に欲しいものをしっかり認識することで、**どうすればそれが叶うかを真剣に考えられます**。自分の家計の「軸」が見えてくるはずです。

欲しいものを書き出したら、さらにもう少し作業をしてみましょう。1つずつ「なぜそれが欲しいのか？」と問いかけて、欲しい理由も書いてみます。

例
- **海外旅行に行きたい（なぜ？）↓すごくワクワクできるから**
- **今よりいい車が欲しい（なぜ？）↓頑張ってきた証が欲しいから**
- **家族でおいしいものを食べたい（なぜ？）↓家族の笑顔を見ると嬉しいから**
- **子どもの教育費を十分貯めたい（なぜ？）↓子どもの未来を守りたいから**

「なぜそれが欲しいのか」と理由を掘り下げてみると、**欲しいものの奥にある自分の価値観、真の目的が見えてきます**。目的と欲しいものを見比べていくうちに、欲しいものの中にも徐々に優先順位がつくことに気づくはず。

「子どもの未来を守るための貯蓄は最優先。海外旅行も行きたいけれど、『ワクワクすること』はほかで探そう」

と、同じ目的が叶えられる代替案を考えられ、上手にお金を使っていけます。

また、「それほど執着しなくてもいいかな」「ただの見栄かも」と感じる目的なら優先順位は低くなり、今は使わなくていい出費と考えることができます。

お金を使う意味を考え優先順位をつけると、家計の軸がいっそうブレなくなります。

迷った時もここに立ち返れば、どちらに向かって進むべきかすぐわかるはずです。

欲しいものが何もない時は？

どうしよう、私、欲しいものが何もない……。でも、お金はできるだけ貯めたい！
こういう時はどうしたらいいですか？

実は欲しいものがあまりないという人、取材でも多いです。欲しいものがないのに、たま子さんはどうしてお金を貯めたいと思ったのでしょうか？

だって、貯蓄が少ないと何かあった時心配で。お金を貯めて、何かあっても大丈夫って思いたいんです。

だとしたら、たま子さんが欲しいものは「安心」だと思います。安心するためにはいくら必要かを考えてみると、具体的な「欲しいもの」になりますよ。

なるほど。えーっと、夫のお給料半年分ぐらいの貯蓄があれば安心できるかな。「欲しいものはお給料の半年分の貯蓄→理由は安心したいから」。あ、なんだかスッキリしたかも！

ただ「貯めたい」だけでお金を貯めてしまうと、いくら貯めても不安は消せないし、ほかの出費との優先順位もあいまいになってしまいます。貯めたい理由が明確だと、挫折しそうな時も「このために頑張っているんだ」と心の支えになります。

1-3 自分にとってムダなお金を自覚しています

不用品を処分して「ムダになるお金」を学んでいます

お金の使い方には2つの面があります。1つは何に使うか。もう1つは何に使わないかです。自分にとって優先順位の低いお金、ムダになる出費がどんなお金なのかをはっきりさせると、家計により太い軸が通ります。

実は、めちゃ貯まる人も「自分にとってムダなお金」に気づいてから、家計が大きく変わった人がとても多いのです。そのきっかけとしてもっとも多いのが、不用品の処分。1つ事例を紹介しますね。

●不用品を処分して貯蓄額を伸ばしたAさん

「子ども部屋を作るために不用品を整理していたら、買ったけど着ていない服やバッグが大量にあってビックリ。金額にしたら50万円以上にもなり、もしこのお金が今あったら…と思うと悔しくて、猛省しました。ものを捨てるのは、お金を捨てるのと同じ。捨てるものにお金を使って、欲しいものが手に入らなくなるのは最悪と、それからはすべての買い物に慎重になり出費が激減。節約しなくても、貯蓄がぐんぐん増えていきました」

不用品の処分は、自分のムダを知るためにとても有効な手段。気分がいいものではありませんが、**痛い思いをするほどムダになるお金を自覚できます**。

ムダになるお金は貯蓄に直結。気づけば気づくほど「払わない」ですむので、家計にゆとりが出ます。しかも、ガマンして買わないのではなく、**「必要ないから」「欲しくな**

いから」買わないのでストレスフリー。自然に、貯蓄が増えていく環境が整うのです。

1日1個のムダ処分で、お金の使い方が上達します

まわりを少し見渡すだけで、「自分にとってムダなお金」はすぐ見つかります。引き出し、カバン、机の上、クローゼットなどから1日1個、不用品を処分してみましょう。基準はそれぞれですが、たとえば次のようなものに当てはまったら「ムダ」と判断していいはずです。

- **まだ使えるけど使っていないもの**
- **持っていることすら忘れていたもの**
- **思い出にも、癒しにもならないもの**
- **持っていることにストレスを感じるもの**

ピックアップしたら処分する前に、「なぜ買ってしまったのか」を考えてみます。欲しいものリストと同じように理由を掘り下げてみるのです。

- **安いから、買わなきゃ損だと思ってしまった**
- **高いから長く使えると思った**
- **みんなが持っていたから、自分も欲しくなった**
- **便利だと思ったけど、出番がなかった**

など、ムダになってしまった理由は、ボールペン1本でも必ずあるはずです。**出てきた理由はそのまま、自分が失敗しやすいムダのパターン**。これを意識することで「安さにつられていないか」「使う頻度まで考えているか」と次の買い物に活かせ、安易なムダ遣いを避けられます。

めちゃ貯まる人は、たとえ100円の商品でもあいまいな理由では買いません。**どんなに安くてもムダになるものにはお金を使わない**ので、細かいところまでメリハリのきいた家計を作っていくことができるのです。

めちゃ貯まる人の家は、100%ものが少なくキレイです！

不用品の処分かぁ。正直、面倒くさいっス。一人暮らしって何がいいって、散らかっていても誰からも文句を言われないことなんで。その権利を放棄するのもなんだかな。

タメオさん、いいことを教えてあげましょうか？　私はもう10年近くめちゃ貯まる人のお家を取材してきましたが、散らかっている家は1軒もないんです。1軒も、ですよ！　テーブルや床には何も置かれておらず、引き出しもガラガラ。本当に必要なものしか買わないし、ものを持たないから自然に家の中がスッキリ片付くのだと思います。

へえー。でも、貯まらない人でもちゃんと片付いている人はいるでしょ？　性格もあると思いますけど。

ところがどっこい、貯まらない人の家は不思議なぐらいものが多いんです。玄関には靴や傘があふれ、冷蔵庫やクローゼットはぎゅうぎゅう。食事のたびにテーブルの上のものをどかしています。

ヤバイ。全部俺のことだ……。なんでものが多いと貯まらないんですか？

ものが多いと家にいても落ち着きませんよね。すると、外でお金を使うようになります。なんとなくカフェやショッピングで時間をつぶすことが多くなるんです。欲しいものもすぐ見つからないので、同じものを何度も買うなど、ムダな出費が止まらなくなります。

うわー！　まさに今日、もう何個めかわからない爪切りを買ってしまったところだーーーー！

ものが管理できない人は、お金の管理もほぼできません。不用品の処分を面倒くさいと逃げていたら、一生貯まる体質になれないと思ったほうがいいですよ！

1-4 衣食住と心を大切にして、お金にポジティブに取り組める自分を維持します

テクニックだけでは、決してお金は貯められません

めちゃ貯まる人は、挫折があってもへこたれず、やりくりにいつも前向きです。そしてみなさん笑顔が多く、素敵な方が多いです。お金のことばかり考えてギスギスしている人は1人もいません。

こうしたポジティブさや気持ちのゆとりは、どこからくるのか。それを取材していくと、**共通して見えてくるのが「自分と暮らしを大切にしていること」です。**

暮らしをおろそかにすると、だんだん気持ちが貧しくなります。人をうらやましく思っ

たり、「もっと欲しい」「何か足りない」と不満や焦りをお金で紛らわせたり……。ストレスで余裕をなくすと、やる気も続きません。

お金の管理は、コントロールする人の感情や意識で左右されるもの。いくらお金が貯まるテクニックを学んでも、**自分自身の気持ちや暮らしが乱れていては決して貯蓄は続かないのです**。

衣食住を大切にして、貯まるマインドを保ちます

めちゃ貯まる人はポジティブなマインドを保つために、暮らしの中で次のようなことを意識しています。

- **食べることを大切にする**
- **好きな本や雑誌を読む**
- **身だしなみに気を配る**

- **快適で居心地のいい部屋を作る**
- **周囲の人を大切にする**
- **しっかり休む**

本当に、なんということはない毎日の「衣食住」ですが、これこそが貯まる家計を支える大切な習慣。自分を満たして今の暮らしに満足していれば、際限のない物欲は湧かなくなります。**気持ちに余裕があれば、お金にも冷静に向き合え、管理するモチベーションも安定**。だから続く。だから貯まるのです。

お金を貯めたいからと、生活を貧しく削ることは決してしないのがめちゃ貯まる人。それはむしろ家計の管理を崩し、貯蓄を遠ざける行為だということを忘れないようにしましょう。

まとめ

1 お金を自分の意志で動かす

「家計の管理」とは、目的に向かってお金を自分の意志で動かすこと。お金をコントロールする気持ちを保つ

2 本当に欲しいものを考える

お金は何かと交換するためのツール。本当に欲しいものを考えると、お金の使い方が決まり家計に軸ができる

3 出費の優先順位をつける

欲しい理由を考えると自分の価値観がわかり、迷った時の判断基準になる

4 いらないものを考える

不用品を処分すると、自分のムダを自覚できる。どんな出費がムダになるか、事前に気づけるようになる

5 毎日を大切にして前向きな自分を保つ

貧しい気持ちはストレスを呼び、ムダのもと。自分と暮らしを大切にすることが、健全な家計管理の第一歩

chapter 2

めちゃ貯まる現状の把握

——めちゃ貯まる人はみんな、「自分のお金のプロ」です

point

1 現状を見ないと、同じ失敗を繰り返します

2 生活コストの熟知こそ、堅実な予算のベースです

3 出費は現在と未来を同時にチェックします

2-1 めちゃ貯まる人は、家計にグレーゾーンがありません

何にいくらかかっているか、スラスラ言えます

本章では、自分のお金の現状をしっかり把握していきます。現状の把握は、お金を管理していく上で欠かせないプロセス。今の収入や支出、貯蓄を把握できていないと予算も立てられず、何を削ればいいかもわかりません。貯蓄の伸ばしようがないのです。

1000万円を貯めた人に、「1ヵ月の食費がいくらかわからない」という人は1人もいません。取材で家計について質問すると、家計簿や通帳を見なくても、生活費はも

ちろん、貯蓄がいくらあるかもスラスラ出てきます。

- **1ヵ月の生活費がいくら必要かわからない**
- **給与明細は見ていない**
- **総貯蓄額がいくらか言えない**
- **急な出費に対応できず、貯蓄を下ろすことがよくある**
- **気がついたら財布のお金がなくなっている**
- **使っていない口座がいくつもある**

どれか1つでも当てはまったら、めちゃ貯まる準備がまだ整っていない状態です。本章で足元を固め、まずは自分のお金に強くなりましょう。

めちゃ貯まる人は、財布にレシートをためません

タメオさんに質問です。お店でもらうレシートって、いつもどうしていますか?

レシート? 財布にたまったら捨ててますけど、それが何か?

うーん、残念ながら貯まらない人の典型的なパターンですね。レシートを見ていないということは、日々の出費を見ていないということです。ちなみに、昨日使ったお金は全部思い出せます?

もちろん! 朝はコンビニで300円、昼は外食で800円、夜は飲みに行って3000円。自分でいうのもなんですが、記憶力はいいんです!

なるほど素晴らしい。では、一昨日は?

……ヤバイ。まったく思い出せない。そうだ、レシートを見てみよう。あ、タクシーに乗ってる。思い出した、会社の飲み会で終電を逃したんだ。はて？　一次会は4000円だったけど、二次会はいくらだったっけ……。

数日前の出費を思い出すのは至難の技ですよね。でも、お金を管理するのにそうした使途不明金がたくさんあるようでは困るわけです。

記憶にない飲み代がいくらになるのか、想像するだけでおそろしい……。ハッ。忘れている経費の立て替えもあるかも！

レシートの扱い方にも、その人のお金を管理する力が現れます。めちゃ貯まる人は、レシートはこまめに財布から出して、家計簿に記録するなり、別の場所に保管するなりしています。日々の出費に意識を向けて、気がついたらお金がない……なんてことがないようにしたいですね。

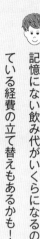

2-2 1ヵ月に必要なお金は何に、いくらか。生活コストを熟知しています

いきなり節約を始めるのは、目隠しで海を泳ぐようなものです

お金を貯めたいから今月から1万円節約しよう、とやみくもに走り出すのは危険です。見当違いな節約を頑張りすぎて挫折したり、思ったほど効果が上がらずあきらめてしまったりしては、せっかくのやる気もムダになります。

めちゃ貯まる人は家計全体を見て、節約効果が高い部分や必要以上に使っている部分から取り組みます。より確実で効率よく貯蓄が増やせるルートを選ぶために、**何にいくら使っているのかを常に把握**しているのです。

現在、1ヵ月の出費の内訳を把握していない人はまず、何にいくら使っているかを洗い出すことから始めましょう。少々大変ですが、これをやらないことには家計は永遠に変わりません。

出費内容は、大きく分けて次の2つのカテゴリーがあります。どちらの出費か、意識して洗い出すと、整理しやすくなります。

●固定費＝毎月必ず払う出費。家賃や水道光熱費、通信費など、主に銀行から引き落としになるお金を、通帳などで確認します。

●変動費＝日々の生活で使う流動的な出費。食費や日用品費、交際費などが該当します。こちらは、お金を使うたびに出費を記録していきます。

それぞれのカテゴリーにどんな費目があるかは、人によって違いがありますが、おおよそは次のように分類できます。こうした表を「家計表」と呼びます。

1ヵ月の出費と貯蓄の内訳を書き出そう

	費　　目	金　　額
固定費	住居費	円
	水道光熱費	円
	通信費	円
	保険料	円
	小遣い	円
	そのほか	円
	固定費合計	円
変動費	食費	円
	日用品費	円
	交際費	円
	外食費・レジャー費	円
	交通費	円
	衣服費	円
	そのほか	円
	変動費合計	円
貯　蓄	預貯金	円
	保険	円
	そのほか	円
	貯蓄合計	円
合　計		円

車を使う人はガソリン代などの車関係費、お子さんがいる人は学校や園にかかる費目などを適宜追加してください。全体の合計のほか、固定費、変動費、貯蓄それぞれの合計も記入しましょう。

費目は自分なりのルールで分けてＯＫです。「外食は食費？　レジャー費？　交際費？」と細かい費目分けに悩んでしまうと続きません。

たとえば、夕食を作るのがおっくうで外食した場合は、あくまで自炊の代わりなので「食費」。友人と交友を深めるための外食は「交際費」。純粋においしいものを食べる外食は「外食費」とするなど、同じ外食でも目的によって分けていくのも手です。

それでもどの費目か悩むものは、「そのほか」にまとめておきましょう。とにかく出費をもれなく拾い集めることに集中し、1ヵ月の家計表を完成させます。

家計簿を使わずに、出費の内訳を知る2つの方法

固定費は通帳などで確認できますが、日々の出費は記録が必要です。出費の記録というと、「家計簿は続かないから……」と心配になる人も多いと思いますが、家計簿以外にも方法はあります。これまで私が取材してきた中で、「これはいい！」と思ったものを2つ、ご紹介しますね。

Ⓐ レシートを集める

用意するのは、箱とメモ帳です。箱は、Ａ４サイズが入るぐらいの大きさがあれば十分です。メモ帳は箱に入れておきます。

①お金を払ったら、ひたすらレシートをもらって箱に保存。ネットで買ったものは、注文メールを印刷する。自販機など、レシートが出ない出費はメモして箱へ。

②１ヵ月分のレシートが集まったら、費目ごとに仕分けする。食費＝スーパー、日用品＝ドラッグストアなど、費目によって行くお店は変わることが多いので、店名で分類すると早い。

③費目別に合計を出し、家計表にまとめる。

これで、おおよその変動費の内訳がつかめるはずです。

Ⓑスマホの家計簿アプリを使う

普段の出費はカード払いという人には、アプリがオススメです。

クレジットカードや電子マネーとアプリを連携させると、自動的にすべての出費が記録されます。入力を忘れても1円単位で記録できるので、自分で書くよりむしろ正確です。さらに、食費や日用品費などの仕分けや集計も自動で行ってくれるので、ラクに出費を把握できます。

クレジットカードや電子マネーと連携できる代表的なアプリには「マネーフォワード」や「Ｚａｉｍ」があります。機能や操作画面、連携できるカードなどはよく確認し、自分に合うものを選びましょう。

また、クレジットカードは使わないけど、アプリで出費を記録したいという人は、カード連携のないシンプルなタイプを第４章（↓Ｐ１２４～）でご紹介していますので、併せて参考にしてみてください。

1ヵ月の出費を集めたら、家計表に記入します。引き落としされる家賃や水道光熱費などの固定費は、通帳で確認して家計表に記入しましょう。

なお、**目的はアプリを上手に使いこなすことではなく、1ヵ月の出費の内訳を把握すること**です。便利だからといって、管理のすべてをアプリでやろうとすると、かえって複雑になって続かなくなることもあります。

面倒な食費や日用品などの変動費だけアプリにお任せして、家賃などの固定費はノートに手書きでまとめても、まったく問題ありません。

2-3 年間でかかる出費には、繊細な注意を払っています

貯まる人ほど特別出費の管理を怠りません

1ヵ月の生活コストを把握したら、次に着手したいのが年間でかかる出費の洗い出しです。

年間でかかる出費は、一般的に「特別出費」と呼びます。毎月はいらないけれど、年間では必要になる出費のことで、たとえば次のようなものがあります。

- **固定資産税や自動車税**
- **車検代**

・**帰省代や旅行費用**
・**年払いにしている保険料**
・**冠婚葬祭費**
・**家電や家具などの買い替え費用**

このほかにも、お中元やお歳暮、母の日やクリスマスなどの贈答、スーツや靴の買い替えなど、探してみると特別出費は決して少なくないことに気づきます。

特別出費は金額が大きいものが多いので、貯蓄への影響は大。**毎月どんなに貯蓄を頑張っても、ここの見通しが甘いと崩れ、年間では結局赤字で終わってしまう**こともあります。

逆に言えば、ここをしっかり管理できると貯蓄は安定。実際、貯まる人ほどこの特別出費に目を光らせ、毎月の出費以上に注意して管理しているのです。

特別出費も「固定費」と「変動費」に分ける

実際に年間でかかる特別出費にはどんなものがあるかリストアップしてみましょう。昨年の家計簿やカードの明細、スケジュール帳などを見返して、毎月の収入ではまかないきれなかった出費をできるだけ書き出してみます。

その中で、固定資産税や自動車税、生命保険料や学資保険料の年払いなど、金額や支払う期日が決まっている出費を集めてみます。これらは**「年間の固定費」**です。旅行費用や帰省代、ギフト代や医療費、高額な買い物などは変動的なので**「年間の変動費」**とします。このように、特別出費も「固定費」と「変動費」で分けるとどんな出費がいくらあるか、把握しやすくなります。

不定期な出費は年間の変動費に入れてもOK

話は少し戻りますが、1ヵ月の家計表の中に衣服費やレジャー費はどのぐらいあったでしょうか？

こうした毎月かかるわけではないけれど、特別出費ほど大きな金額でもない出費は、なかなか実態がつかみにくいものです。たとえば、ある月の衣服費はたまたま5000円だったとしても、2万円の月もあれば0円の月もあるからです。

このように不定期でかかる出費は月間ではなく、年間でどれくらいあるかを出し、年間の変動費として管理する手もあります。

より実態を把握でき、予算を立てる上で参考にしやすいのでオススメです。

2-4 年間生活コストを頭に入れ、家計の全体像をとらえることを常に意識しています

出費は年間で意識します

さて、1ヵ月の生活費、年間の特別出費が出せたところで、自分が年間にいくらぐらい使っているか、「年間生活コスト」を算出してみましょう。

年間生活コストがわかると、いくら貯蓄できるかもわかるので、めちゃ貯まる人はこの数字をいつも意識して、家計をコントロールしています。

ここまで出した出費を整理すると、次の4つに分けられます。

・毎月の固定費

・毎月の変動費
・年間の固定費
・年間の変動費

ここでの年間生活コストは、実際に1年記録した「実績」ではなく「見込み」の金額です。毎月の固定費と変動費は12倍し、そこに年間の固定費と変動費を足して出します。

仮に、毎月の固定費が12万円、毎月の変動費が10万円、年間の固定費が20万円、年間の変動費が30万円の場合で計算してみると、次のようになります。

毎月の固定費
12万円×12ヵ月＝144万円

＋

毎月の変動費
10万円×12ヵ月＝120万円

＋

年間の固定費
20万円

＋

年間の変動費
30万円

＝

年間生活コスト
314万円

年間生活コストは、314万円となりました。出費を年単位で計算してみると、「思った以上に高い！」と感じる人が多いのではないでしょうか。

月4万円の食費なら、年間では48万円。月1万円の日用品費なら、1年で12万円。毎月の出費が年間の貯蓄にいかに影響を与えるかを知るためにも、年間生活コストを意識しておきましょう。

2-5 将来かかるお金についても、かなり先まで見通しています

ライフプラン表を書くと、自動的に貯蓄がスタートします

めちゃ貯まる人は現在の生活費だけでなく、未来に必要な出費も把握しています。大きな出費も小さな出費も予測しておくことで早めに備えられ、貯蓄を崩すことなく乗り越えていけるのです。

5年後、10年後にどんな出費があるかを知るために、活用したいのがライフプラン表。ライフプラン表はこの先のライフイベントや、大きな出費を書き込んで見渡せるようにするシートのことです。実際の例を見たほうがわかりやすいと思いますので、一例を掲載します。

たま子のライフプラン表

		2018	2019	2020	2021	2022	2023	2024	2025	2026
家族の年齢	太郎	42歳	43歳	44歳	45歳	46歳	47歳	48歳	49歳	50歳
	たま子	33歳	34歳	35歳	36歳	37歳	38歳	39歳	40歳	41歳
	たまみ	4歳 年中	5歳 年長	6歳 小1	7歳 小2	8歳 小3	9歳 小4	10歳 小5	11歳 小6	12歳 中1
特別出費	教育費			入学関係 15万円						入学関係 15万円
	住宅ローン 住宅関連費			繰上げ返済 50万円	エアコン 20万円		繰上げ返済 100万円	冷蔵庫 20万円		洗濯機 15万
	イベント費		北海道旅行 10万円			沖縄旅行 20万円			ハワイ旅行 50万円	
	合計		10万円	65万円	20万円	20万円	100万円	20万円	50万円	30万円
備考				たま子 パート開始						中学までは 公立

		2027	2028	2029	2030	2031	2032	2033	2034	2035
家族の年齢	太郎	51歳	52歳	53歳	54歳	55歳	56歳	57歳	58歳	59歳
	たま子	42歳	43歳	44歳	45歳	46歳	47歳	48歳	49歳	50歳
	たまみ	13歳 中2	14歳 中3	15歳 高1	16歳 高2	17歳 高3	18歳 大1	19歳 大2	20歳 大3	21歳 大4
特別出費	教育費		塾 50万円	入学金・授業料 100万円	授業料 70万円	授業料 70万円	入学金・授業料 200万円	授業料 100万円	授業料 100万円	授業料 100万円
	住宅ローン 住宅関連費				給湯器交換 20万円	エアコン 20万円		冷蔵庫 20万円	床・壁修理 50万円	洗濯機 15万円
	イベント費				たまみ ホームステイ 50万円					
	合計		50万円	100万円	140万円	90万円	200万円	120万円	150万円	115万円
備考				高校は 私立かも			大学は 自宅から			

※子ども学齢は4月基準　※金額は目安です。とくに準備しておきたい、年100万円以上かかる予定の年は水色で表示しています

ライフプラン表でチェックしたいイベントや大きな出費には、次のようなものがあります。

・**子どもの進学のタイミングや教育費**
・**家の修繕や住宅ローンの繰上げ返済**
・**家賃の更新、引越し**
・**車や家電の買い替え**
・**復職、定年退職のタイミング**

どんな出費がいつ、いくら必要か。ライフプラン表を書くと、それを遠い未来まで「見える化」できます。

貯まる人は、このライフプラン表で貯蓄に目覚めたケースがとても多いです。

「今すぐ貯蓄を増やさなければ間に合わないと、意識が変わりました」と、ライフプラン表が貯蓄に本気で向き合うきっかけになったと話します。

ライフプラン表は、細かく書かなくてもかまいません。**大まかな出費の目安を知っておくだけで、貯蓄プランが堅実になり、今使えるお金を意識することができます。**

2-6 めちゃ貯まる人は、毎月必ず給与明細を見ています

手取りを知っているだけでは命取り？

現状の把握では収入のチェックも大切です。めちゃ貯まる人は、給与明細や源泉徴収票をきちんと保管しています。収入について正確に把握しているので、取材で年収をうかがうと「手取りですか？　税込ですか？」とこちらが聞き返されてしまうこともあるほどです。

貯蓄は「収入－支出」ですから、収入を正しく知らないといくら貯められるかも正確にわかりません。適正な予算や貯蓄プランを作るためにも、月収と年収を正しく知って

給与明細は残業代などの内訳も確認を

おきましょう。

まずは毎月の収入です。給与明細で次の金額をチェックします。

① 総支給金額（月収）

会社から支払われるお金です。基本給のほか、時間外手当や家族手当などの合計額が記載されています。いわゆる税込の月収とはこの金額です。

② 控除合計額

給与から天引きされる社会保険料や税金などの合計です。

源泉徴収票に手取りは書いてません

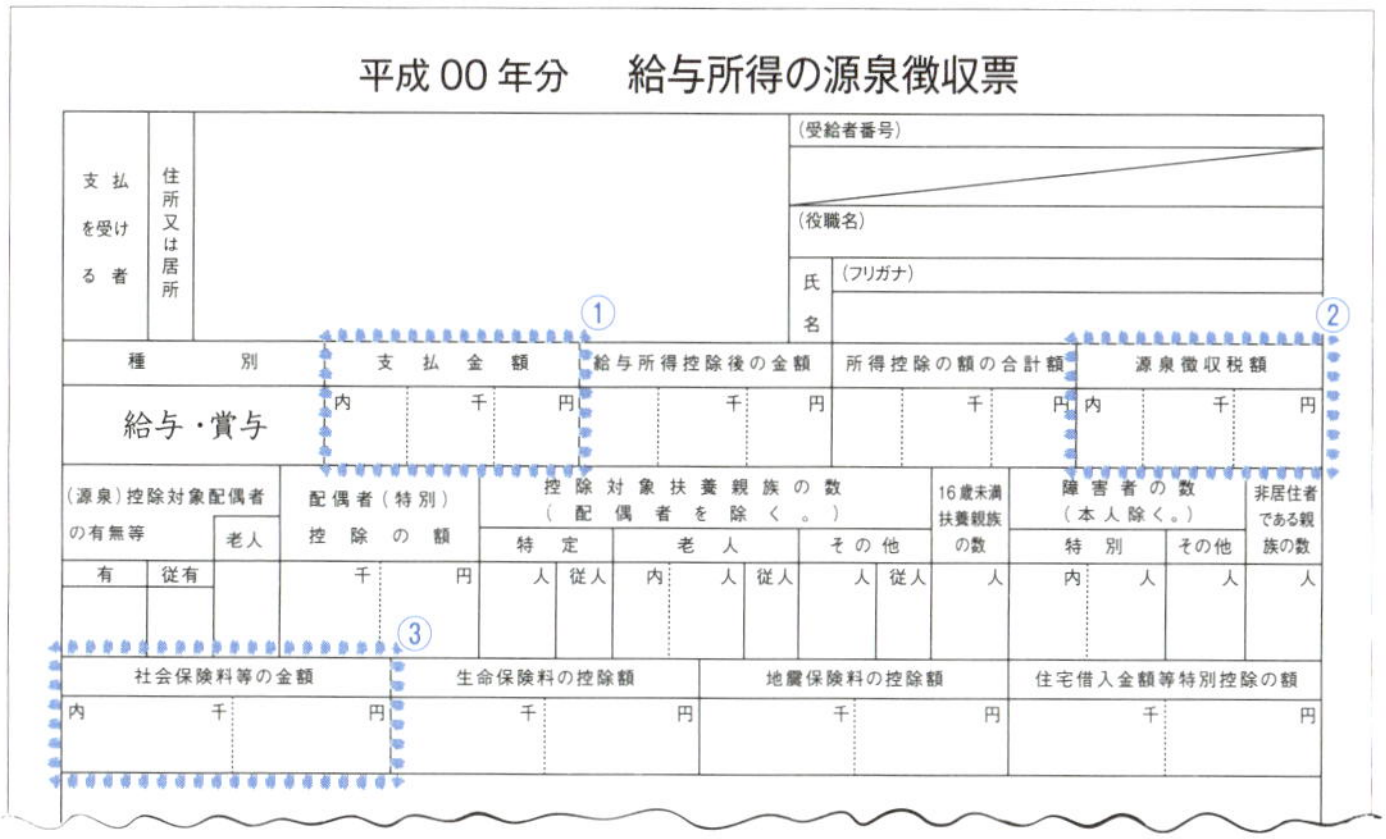

③ **銀行振込額（手取り）**

銀行に振り込まれる金額、いわゆる手取りです。総支給金額から控除合計額を引いた金額が記載されています。差引支給額などと書いてある場合もあります。

年収の確認は源泉徴収票を使います。ややこしい言葉が並んでいますが、次の金額を確認しましょう。

① **支払金額（年収）**

会社から1年間で支払われた給与や賞与、手当などの合計です。一般的に「年収」はこの金額を指します。

手取り年収の計算式

手取り年収＝

支払金額 － 社会保険料等の金額 － 源泉徴収税額 － 1年分の住民税

②源泉徴収税額

1年間に支払った、所得税の合計金額です。

③社会保険料等の金額

同じく1年間に天引きで支払った、健康保険料や年金などの金額です。

あれ？　手取りは？　と思われたかもしれませんが、実は手取り金額は源泉徴収票には直接書かれていないのです。上記の式で求めましょう。なお、1年分の住民税はおおよそですが給与明細の金額を12倍すると出せます。

給与明細を見るだけで、手取りが増える可能性が

タメオさんは、給与明細をどうしてますか？

だいぶ見てないなぁ。うちの会社は数年前からウェブ明細になって、ログインするのが面倒で。

えっ！　給与明細は必ず見たほうがいいですよ。給与の計算が間違ってることもありますから。もらえるはずの残業代や手当がついていない……なんてことがあっても、給与明細を見ていなければ気づけません。

えぇっ！　そんなことあるんスか？　経理が間違えるなんて考えてもみなかった。

滅多にないとは思いますが、人の手が入るわけですからミスがないとは言えません。それに、給与明細には住民税が書いてあります。この住民税は工夫次第で減らせるんですよ。

うわ、何それ。税金を減らせるってことはつまり、銀行に振り込まれる手取りが増えるってこと？

その通り！　詳しくは第6章でご説明しますが、給与明細を見ないと自分の「お宝財源」も知らないままになってしまいます。

それはマズイ！　とりあえず給与明細のＩＤとパスワード探してきます！

2-7 今いくら貯まっているか、総貯蓄額をさらっと言えちゃいます

「貯蓄は全体を見なければ意味がない」と言います

めちゃ貯まる人は、すべての口座にある貯蓄（貯蓄型の保険などの金融資産を含む）を合算した、総貯蓄額がパッと出てきます。総貯蓄額を見ると、心理的にも実際の家計にも効果が大きいと話すのです。

●総貯蓄額で目標への達成度を見るBさん

貯蓄全体を見ることで、目標まであとどのくらいかが具体的にわかります。近づく

たびに達成感を味わえて、最高のモチベーションに！」

●総貯蓄額で家計の変化をつかむCさん

「総貯蓄額が伸びないということは、何か出費が増えているという証拠。家計を見直すきっかけになります」

●総貯蓄額で心の余裕を保つDさん

「総貯蓄額は金額が大きいので、心のゆとりになります。金額が年収を超えた時、より強い安心感になりました」

貯蓄全体を俯瞰することで、普段とは違う角度から家計を見つめることができます。

総貯蓄額の把握は、シンプルな表で十分です。パソコンのエクセルでも、ノートでもいいので、次のような残高一覧表を作りましょう。

預貯金は、銀行や財形など現金で貯めている口座を書き、それぞれ残高を記入します。

保険は個人年金保険や学資保険など、貯蓄型のみを記入。金額はこれまでに積み立てた累計とします。積み立てで購入している投資信託などの金融商品があれば、それも書いてかまいません。

数ヵ月に一度、少なくとも年に一度は総貯蓄額を把握しましょう。

残高一覧表の書き方

		4/20	/	/
預貯金	A銀行・普通	30万円		
	B銀行・定期	100万円		
	C銀行・定期	50万円		
	財形	30万円		
保険等	個人年金保険	24万円		
合計		234万円		

保険は中途解約すると元本割れし、積み立てた金額より大きく減る点に注意。今解約した場合に戻る「解約返戻金」も、年に一度は確認しましょう。

いつも最新の残高を確認できるようにします

口座残高はネット銀行であれば、パソコンやスマホから確認できます。しかし、一般の銀行や信用金庫などは引越しで遠くなってしまった、忙しくて銀行になかなか行けないなど、記帳そのものに手こずるケースがあります。そうした場合は、ネットバンキングを開設しておくと便利です。

今は、ほとんどの銀行や信用金庫がネットバンキングを利用できます。申し込みは、通帳（口座）があれば、ネットから簡単にできます。申し込むとＩＤとパスワードが送られてくるので、これを使ってネット上の自分の口座にアクセス。最新の残高をいつでもチェックできる環境が整い、総貯蓄額の把握がラクになります。

ＩＤ・パスワードの控え帳を作りましょう

銀行のネットバンキングを以前申し込んだのに、ＩＤをなくしてしまって。引越しで遠くなってしまったから、残高がどうなっているか調べられず、困ってます！

ＩＤとパスワードの再発行は、面倒ですが銀行に問い合わせればできるはず。でもこれを機に、ＩＤとパスワードの控え帳を作ってみてはいかがですか？

・銀行や証券会社
・クレジットカードや電気・ガス料金などのウェブ明細
・会員登録しているアプリやサイト

など、生活上でＩＤとパスワードが発行されるシーンは山ほどあります。控え帳があれば、利用しているサービスが必要なくなって解約したいのに、ＩＤとパスワードがわからず、ずっとムダなお金を払い続けてしまう……なんて失敗も防げますよ。

それ、よくあります！　この前も、大文字と小文字の組み合わせが必要なパスワードの、どの文字を大文字にしたか忘れちゃって大変でした。でも、ＩＤとパスワードをまとめて書き留めて、もし盗まれたら大変なことになりますよね？

もちろん、そのまま書くのはリスクがあるので、どこかを自分がわかる伏せ字にするなど、工夫は必要ですね。私は「ａｂｃ　いつもの」など、自分だけがわかる書き方にしています。置き場所も、もちろん慎重に。

なるほど！　1冊のノートにまとめておけば、必要な時にそれを見ればいいから、ラクですね。さっそくやってみます！

まとめ

1 毎月の出費を熟知する

何にいくらかかっているかを知らなければ、予算も立てられず、貯蓄も伸ばせない

2 年間の特別出費を洗い出す

毎月の貯蓄はできても特別出費で崩れては台無し。ここを調べることで、より堅実な貯蓄プランができる

3 将来の出費を見通す

ライフプラン表を書くと、10 年先、20 年先の出費がわかる。備えるための計画も立てられる

4 月収、年収を正しく把握する

正確な収入を知らないと、いくら貯蓄できるかもあいまいに。給与明細と源泉徴収票をきちんと確認

5 貯蓄は総額を頭に入れる

残高一覧表を作り、現在の総貯蓄額を確認。目標までの達成度がわかり、やる気もアップする

めちゃ貯まる予算と計画

――お金はすべて「年間」で考えます

point

1　毎月は貯められても、年間が赤字ではNG

2　お金の使い方は年1回集中して考えます

3　ハードルは低くし、できない目標は立てません

3-1 お金は使うのも、貯めるのも「年間」で考えます

予算とは、「お金をどう使うか」を決めることです

本章では、何にいくら使うかの具体的な予算を組み立てていきます。

第1章で、めちゃ貯まる人はお金の貯め方より使い方を意識しているとお伝えしましたが、**予算立てはまさにそのお金の使い方を決めるプロセス**。第2章で把握した生活コストを意識しつつ、貯蓄を伸ばすために**毎月の収入やボーナスをどう分配していけばいいか**を考えていきましょう。

予算を組む時に気をつけたいのは、貯蓄を増やしたいからといって必要な部分まで

削ったり、逆に必要だからとなんでも多めに予算をとったりすることです。

めちゃ貯まる人は、**欲しいものや必要な部分にはしっかりと予算をかけ、ムダな部分はとことん削る**。メリハリをつけて予算を分配しているのが特徴です。

自分の予算は自分にしか決められません。人マネや平均を目指しても、自分の考え方や生活にフィットするはずはなく、ほぼ失敗します。

ムリはしないけれど、ムダもしない。コンパクトだけれど、使うべきところにはしっかり使う。心地よく貯まる予算を作るために、**「限られた収入をどう使っていくか」**を意識しましょう。

めちゃ貯まる人の予算立ては、年1回です

めちゃ貯まる人の予算の立て方には、とても大きな共通点があります。それは、**「年間で考える」**ということです。

貯まる人ほど家計を年間で考える。私がそのことに気づいたのは、今から7年ほど前、1000万円を貯めた主婦の方数人を、初めて取材した時のことです。やりくりの方法をうかがうと、なんと全員が年に一度、集中して家計を考えると答えたのです。

●家計簿は年間しか見ていなかったEさん

「普段は予算内で暮らせるので、家計簿は細かくつけていません。その代わり、年間ではどのぐらい使ったか、来年はどんな出費が増えそうかはよく確認。次の年の貯蓄計画に役立てます」

●年間の貯蓄額をやる気に変えていたFさん

「年末には、年間でいくら貯められたかをチェックします。金額が100万円単位で大きいので、やる気がめちゃめちゃアップ。来年はもっと貯めたくなり、家計をより詳しく見直すようになりました」

●年末に夫と家計を共有していたGさん

「年末に貯蓄額を夫と確認。目標のマイホームが近づくのを見るとモチベーションが上がるし、家計に協力してくれるようにも。すごく助かります」

それぞれ理由は違っても、**その年の収支や貯蓄を把握して、来年の予算を考えている点は同じ**。その後も1000万円を貯めた人を取材し続けていますが、どの人もやはり家計は年間でとらえています。

- **毎月ちまちま節約するより、年間で大きく削れる出費を探すほうが効率的**
- **行き当たりばったりなお金の使い方を減らせる**
- **貯蓄もより計画的になり、着実に貯められるベースが整う**

など、年間で予算を考えるメリットは数多くあります。予算は年に一度、集中して考えるなんて当時は驚きでしたが、むしろその1回こそが重要だったのです。

3-2 予算は全体をながめ、大きな部分から見直していきます

家計は月間と年間のバランスを考えます

予算を決めるというと、「1ヵ月の食費をいくらにするか」「毎月いくら貯めていくか」と細かいところから考えがち。しかし前述した通り、めちゃ貯まる人は年間で家計をとらえるので、もうすこし大きな範囲から検討を始めましょう。

具体的には第2章で確認した、次の4種類です。

- **毎月の固定費**
- **毎月の変動費**

・年間の固定費
・年間の変動費

食費や日用品費をいくらにするかは、「毎月の変動費」で検討する作業です。ですが、貯蓄は年間でいくら貯めたかが勝負なので、**「毎月の変動費」だけを見直しても、あまり効果がありません。**

もっとも金額がかかっているところから着手すると、効率よく全体を見直せます。

たとえば、「年間の変動費」が明らかにふくらみすぎていたら、内訳を見て優先順位の低い出費をカットします。「毎月の固定費」が重い場合は、通信費や保険料などを見直し、少しでもコストを下げられるプランがないかを検討しましょう。

削れる金額が大きければ、貯蓄に回せる部分も大きくなり、予算が苦しい部分に回すこともできます。

小さい金額から見直すと効果も小さく、努力のわりに報われないので、やる気を失いかねません。食費のように手っ取り早く削れる費目だけ取り組んだり、いきなり何もかも削ったりするのではなく、**全体のバランスを見ながら調整するのがポイントです**。なお、各費目の削り方については第5章（→P136～）で具体的にご紹介していきます。

予算全体をながめることで、

「夏の旅行だけは削れないから、毎月の変動費をもう少し見直そう」

など、4つの予算そのものの優先順位も自然と明確になります。

毎月使える予算が小さくなっても、「旅行の予算をとっているのだから、ここは仕方ない」と納得できれば、やりくりも前向きに取り組めます。

年間を通して予算のかけどころと削りどころが決まれば、お金をどう分配すればよいかの方針が決まります。それぞれの予算をいくらにするかも、具体的に判断していけるようになります。

3-3 各予算を決める時は、どのお金で用意するかもセットで考えます

めちゃ貯まる人は、特別出費の予算を確実に確保します

予算を考える時、めちゃ貯まる人が必ず考慮するのが「その予算のお金をどこから用意するか」。毎月の固定費と変動費は、月収の中でやりくりするのが基本ですが、問題は年間でかかる特別出費の捻出方法です。

繰り返しになりますが、めちゃ貯まる人はこの特別出費についてとても警戒しており、貯蓄と別に予算を確保する方法をきちんと決めています。

●特別出費への対策をし、貯蓄を伸ばしたHさん

「年間でかかる特別出費の金額は本当に大きいので、急には払えません。毎月少しずつ備えないと間に合わないと気づいてから、予算の立て方が変わりました」

など、特別出費が貯蓄にいかに影響を与えるかを意識し、確実に予算を取り置きます。

具体的な方法としては、次のようなパターンがあります。

① 特別出費の合計額を12で割って、毎月積み立てる

② ボーナスから全額を取り分ける

③ 毎月の積み立て&ボーナスからの取り分けを併用する

ボーナスがない人は、①の毎月積み立て式になりますが、ボーナスがある人は②か③も選べます。

毎月積み立てる場合、特別出費が年間40万円あれば、1ヵ月3万円以上に。小さくない固定費となるので、毎月のやりくりや貯蓄との兼ね合いを考えて調整しましょう。月収とボーナスから各予算を取り分けるパターンをいくつかまとめましたので、参考にしてください。

●毎月の収入の中ですべての出費に備え、貯蓄もするパターン

自営業の人やボーナスがない場合は、基本的にこの方法になります。

月収から

- 毎月の固定費
- 毎月の変動費
- 年間の固定費
- 年間の変動費
- 貯蓄

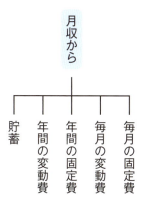

●月収から年間の固定費を積み立て、ボーナスで年間の変動費を取り分けるパターン

ムリなく調整しやすく、会社員の方にオススメです。

月収から
- 毎月の固定費
- 毎月の変動費
- 年間の固定費
- 貯蓄

ボーナスから
- 年間の変動費
- 貯蓄

●共働きで、片方の収入で出費をすべてまかなうパターン

めちゃ貯まる共働きは、このケースが少なくありません。

夫・月収から
- 毎月の固定費
- 毎月の変動費

妻・月収から
- 貯蓄

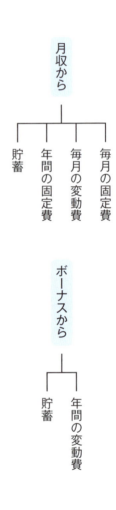

夫・ボーナスから
→ 年間の固定費
→ 年間の変動費

妻・ボーナスから ― 貯蓄

年間の特別出費の予算を取り分けたら、うっかり使ってしまわないようにそのお金を保管しておく専用口座も用意します。口座の整理については第4章（↓P105～）で解説しますので、参考にしてください。

万一の際のセーフティネットをたくさん用意しています

予算をいくら見積もっても、**予測できない出費は何かしら起きるもの**です。急にエアコンが壊れたり、お祝いやお見舞いで遠方まで行く必要が出たり、病気やケガで入院したり。こうした**仕方のない出費に使える「予備費」**を、**めちゃ貯まる人は必ず用意**しています。

●**予備費を月間・年間で作ったIさん**

「毎月の予算に1万円、年間の特別出費には10万円の予備費を確保。万一何かあっても貯蓄を崩さずにすみ、使わなければ貯蓄に回せます。やりくりの安心感がまったく違います」

●**予備費で家計を見直すJさん**

「ボーナスから予備費として20万円を口座にキープ。使った分だけ翌年補充していま す。予備費で使う出費は自分が見通せなかったお金なので、見直すと予算立ての参考にもなります」

予備費をとると、貯蓄額が減ってしまい淋しく感じるかもしれませんが、**持っていたほうが結果的に貯蓄を崩さずにすみ、早く貯まります**。

毎月にも、年間にも、予備費の予算を必ず持つようにしましょう。

3-4 食費は「どこまでが食費なのか」をルール化しています

買ってもいい範囲を決めると、必要な金額もわかります

具体的に各予算の金額を決める際、めちゃ貯まる人は**「どこまでをその費目に含めるか」**を考えます。

たとえば、食費なら自炊用に買う食材までなのか、惣菜や外食も含めるのかなど、その費目の予算で払う範囲を決めるのです。

予算で買う範囲が決まれば必要になる金額もわかり、適正な予算が組めます。

個人の出費は小遣いで

たま子さんは、日用品費の予算で何を買っていますか？

シャンプーや洗剤類、ペーパー類。それに私の化粧水やコスメです。だいたい、毎月1万円ぐらいかかっているので、予算もそのぐらい必要かなと。

ふむふむ。それでは食費はどこまでを予算の範囲にしますか？

普段買う食材と、週末に家族で行く外食、それに私のママ友ランチでだいたい月に8万円ぐらいなので、このぐらいからスタートしようと思います。

たま子さん。予算の範囲はご自身で決めていいのですが、1つだけアドバイスすると、個人の出費は混ぜないほうが賢明です。たま子さん個人の出費は、小遣いでまかなう

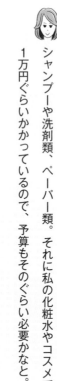

ようにしてはどうでしょうか。

でも私、専業主婦だから……。小遣いをもらうのは気が引けちゃって。

そういうご意見は多いのですが、専業主婦でも自分のものは買いますよね。小遣いを作らないと、個人の出費を家計から出すのが当たり前になってしまいます。自分がムダ遣いしていても「必要だから仕方ない」と勘違いしやすく、結果的に出費がかさんでいる人は多いんですよ。

ドキ。実は昨日もランチ代を払ったら食費が足りなくなっちゃって。銀行から追加で下ろしたばかりなんです。

個人の出費は小遣いの中でやりくりすると使いすぎを防げ、家計で払う部分も安定します。それに、自由なお金がまったくないとストレスがたまりませんか？　小遣いを

ガマンした反動で衝動買いに走っては、元も子もありません。

わかりました！　コスメにママ友ランチ、美容院代……改めて考えると私の出費はけっこう多いかも。ようし、小遣いたっぷりもらっちゃおうっと。

めちゃ貯まる人は、小遣いが高めです

予算の中で「小遣い」は、意外とキーポイントになります。貯蓄を増やそうと思うと真っ先に削る対象にしがちですが、これは逆効果。**結局家計から出してしまい、やりくりが安定しなくなります**。

その証拠にと言ってはなんですが、めちゃ貯まる人の小遣いは総じて高めです。その代わり、小遣いでまかなう部分を多くして家計をラクに回すのです。

●夫の小遣いを倍にし、貯蓄を増やしたKさん

「夫の小遣いを2万円から4万円にアップ。その代わり、飲み会代や洋服代もその中でやりくりしてもらうことにしました。以前は追加で渡すことが多く、イライラしていたのがなくなり、やりくりがラクに。外食は夫が出してくれるなど家計にも協力的になってくれて、そこから貯蓄が伸びました」

個人の出費はできるだけ小遣いでまかなうことで、家計で管理する費目も、その金額も少なくできます。出費の変動が少なくなり、管理もラクです。

自由に使えるお金があれば、気持ちにゆとりもできます。お金の使い方や出費の質を磨くことに集中でき、家計のムダを減らすことにもつながっていくのです。

3-5 貯蓄は「先取りでコツコツ」が最強と知っています

貯蓄は少額でも毎月必ず先取りしています

めちゃ貯まる人に、大きな貯蓄を作る最大のコツをうかがうと、みなさん口をそろえて「先取りでコツコツ貯めること」と答えます。

実際、貯まる人は収入が少ない時期も、毎月必ずコツコツ先取りで貯めていました。月1万円でも「貯蓄の枠」を作ることで、貯める意識が保て、残業代や昇給で収入が上がった時はそこに追加していけたと話します。

それが年間では大きな差になり、貯蓄が加速。数年後には100万円単位の違いになっていったというケースも少なくありません。

「貯蓄はボーナスで貯めるから、毎月の収入は使いきってもいい」という感覚になるのは危険です。**月収を使いきることに慣れてしまうと、収入が上がっても貯蓄に回せなくなる**からです。

これでは貯蓄はいつまでも加速しませんし、ボーナスが減ったり、なくなったりしたら赤字になる危険もあります。

貯蓄は継続がすべて。**毎月コツコツ続けるからこそ、1000万円だって貯まる**のです。

貯蓄は、最初に頑張るほど減ります

毎月いくらずつ貯めていくか、ボーナスからいくら貯蓄に回すかは、予算を立てる上でとても難しいテーマです。失敗するパターンにありがちなのは、早くお金を貯めたくて貯蓄額を高くし、ほかの支出を「頑張ればできるだろう」とつい削りすぎてしまうことです。

貯蓄はムリのない金額で

よし！　今月から毎月8万円ずつ貯めよう。なぜ8万円かって？　月8万円貯めれば1年で96万円。あとちょっと追加すれば、年１００万円貯まっちゃうからです！

あまり目標を高くしすぎると、苦しくなって続かないですよ。あとになって8万円から5万円に下げるより、最初は2万円でも徐々に5万円に伸ばしていくほうがずっと気持ちよくないですか？　自信もついて、貯蓄も順調に続いていきます。

いやいや、早く貯めたいし、飲み会をやめれば余裕でいけるっしょ。あ、先輩から合コンのお誘いメールだ。さっそく断りましょう！　先輩、残念ですが今日は参加できま……せんとは言えないか、やっぱり。いつもお世話になってるからなぁ。

まずはムリせず、今の貯蓄額の１割アップを目指しては？　3万円なら3万３０００

円、5万円なら5万5000円という具合です。

なるほどね。そのぐらいなら全然キツくなさそうだな。

少しずつとはいえ使えるお金は減るわけですから、飲み会も優先順位を決めて参加するようになるはず！　小さなステップですが、お金の使い方を見直しながら確実に増やしていけるので、やりくりも上達します。年10万円貯蓄を増やす力がつけば、20万円アップはラクにできますよ。

無欲の勝利ってやつだな。よし！　俺は今1万円の貯蓄だから、まずは1000円増やすぞ！　そして飲み会に行くぞ！

……。タメオさんの場合は、先に飲み会を減らしてもいいかもしれません。

大きな目標額を先に決めてしまうと、貯蓄はなかなか続きません。やりくりが苦しくなり、やる気を持てなくなるからです。

また、やりくりが苦しくなるとお金の使い方ではなく、「いかに安くすませるか」だけを考えてしまうようになり、生活の満足度も低下。するとストレスがたまって衝動買いに走ったり、「こんなに貯めているんだから」と貯蓄を安易に使ってしまったりし、遅かれ早かれ貯蓄が崩れます。

貯蓄は、少額でも崩さないで続けることがもっとも大切。やる気も暮らしも管理しながら、焦らず少しずつ確実に増やしていくのがめちゃ貯まる王道ということを忘れないでください。

まとめ

1 貯蓄も出費も年間で考える

予算は年間で考えることで、効率よく見直せる。メリハリのある家計を作れて、堅実な貯蓄プランに

2 年間の特別出費のお金を確保する

特別出費のたびに貯蓄を崩すと貯まらない。毎月から積み立てるか、ボーナスから取り分けて予算の確保を

3 予算の中で使う範囲を決める

食費の中で買う範囲はどこまでか、予算の内容をルール化。必要な金額がわかり、適正な予算を組める

4 小遣いと予備費を持つ

個人の出費は小遣いでやりくりし、家計と混ぜない。また急な出費から貯蓄を守る予備費は、必ず予算化を

5 貯蓄はムリのない金額でコツコツと

貯蓄は毎月先取りが鉄則。ムリのない金額から始め、お金の使い方を磨きながら増やしていくと加速する

chapter 4

めちゃ貯まる口座と家計簿

――シンプルで、ストレスフリーなやりくりを徹底しています

point

1　やりくりは細かくするほど挫折します

2　お金の流れは、口座で管理しています

3　家計簿は「あといくら」と「何にいくら」を大切に

4-1 めちゃ貯まる人は、「シンプルなやりくり」にとことん徹しています

貯まる人ほど、やりくりのストレスをなくしています

お金の使い方をいくら決めても、確実に貯める仕組みがなければ貯蓄は安定しません。どれほど完璧な予算を考えても、実際の予算管理や、銀行間のお金の移動に疲れてしまったらやりくりは続きません。

本章では、こうしたやりくりの環境を整理し、お金を快適に管理する仕組みを整えていきます。

めちゃ貯まる人は、貯蓄を続けるために**やりくりの環境をできるだけシンプルにし、**

ストレスなく管理することにこだわっています。それぞれやり方は違いますが、

・**知りたいことがいつでもわかること**
・**ストレスなく、ラクに続くこと**

をモットーに、口座も予算の管理も自分にわかりやすく整理しています。

忙しい日常の中でも**ラクに管理できる環境を整えることで、お金の使い方を考える余裕を常に保て、ムダの削減に集中できるのです。**

口座や財布を整えれば、お金はラクに貯められます

やりくりの環境を整える上で、ポイントになるのが次の3つです。

① 口座の整理

② 日々の出費の管理
③ 年間の出費の管理

この3つを整理できると、お金の流れが手に取るようにわかり、家計の中の見えないムダにも気づけるようになります。

頑張って節約しているのに、なかなか貯蓄が増えない。いつもやる気が続かないという人は、**お金を管理する環境を整えることに集中すると、すんなり貯まりだす**ことが多いのです。

4-2 口座は予算ごとに分け、お金の流れを「見える化」します

出費の口座は3つに分けます

めちゃ貯まる人は、銀行の口座でお金の流れを整理しています。具体的には**予算ごとに専用口座を作ってしまう**のです。

ここで作りたい口座とは、

①生活費用の口座（毎月の固定費と変動費）
②年間の変動費用の口座
③年間の固定費用の口座

の3つです。**予算と口座を連動させることで、頭の中のお金の流れが実際の流れと同じになり、わかりやすくなります。**また、口座の残高＝予算の残金になるので、管理もラクです。

①生活費用の口座（毎月の固定費と変動費）

毎月の固定費と変動費は、どちらも1ヵ月の生活費ですので、1つの口座で管理します。すでに給与の振込口座が、そのまま生活費用の口座になっている人も多いでしょう。ただ、可能なら給与の振込口座とは分けたほうがベター。**生活費用の口座に毎月一定額を入金すれば、収入が変動しても毎月同じ予算でスタート**でき、やりくりのペースが安定するからです。

給与が多かった月は給与口座に自然と残し貯めができ、知らない間にお金が貯まっていくという嬉しいメリットもあります。

②年間の変動費用の口座

年間の変動費は、冠婚葬祭などで急に引き出すこともあります。コンビニのATMが手数料無料で使えるネット銀行か、土日も無料で引き出せるゆうちょ銀行などで作るのがオススメです。

また、ネット銀行は他行への振込手数料も月に何回かまでは無料で利用できる銀行が多くあります。振込で支払う出費や、ほかの口座に移動させて払いたい出費がある場合は、ムダなお金を使わずにすみます。

③ 年間の固定費用の口座

年間の固定費用口座は、年間の変動費とは分けておきます。

固定資産税や車の税金などは、決まったタイミングで決まった金額を払う必要があります。年間の変動費と一緒にしていてうっかり使ってしまい、**固定費が払えなくなると困るので、きちんと確保したほうが安心です。**

ただし、わざわざ銀行を増やす必要はありません。年間の変動費用と同じ銀行の定期預金に取り分けておくだけでも十分です。1ヵ月満期の元利継続でセットしておけば、必要な時に下ろしやすく便利です。ネットバンキングやネット銀行なら、スマホやパソコンから口座間の移動もラクにできます。

クレジットカードも予算と連動させます

「ポイントが貯まるから」と支払いにクレジットカードを使っている人も多いでしょう。ただ、なんでも1枚のカードで払ってしまうと、いろいろな出費が混ざった状態で1つの口座から引き落としに。せっかく口座を予算別に分けても、これでは意味がなくなり、管理しづらくなってしまいます。

そこでオススメしたいのが、2枚のクレジットカードを使う方法です。生活費用のカードと年間の変動費用のカードを作り、それぞれの予算に対応する口座を引き落としに指定します。

レジでお金を払う際は、どちらの出費なのか判断してカードを出します。こうすると、**それぞれの予算の口座から引き落としになり、お金の流れが混ざりません**。また、明細書を見れば何に使ったかもわかるので、出費の内訳を知るのにも便利です。

なお、特別出費用のカードは、年間の変動費の口座にセットしておきます。固定費は年に数回しかないと思いますので、変動費用のカードで払っても、お金の移動はさほど手間ではありません。

また、クレジットカードの数は2枚、多くても3枚ぐらいにしましょう。たくさん持つとパスワードや有効期限、明細書の管理が大変になります。わずかなポイントやお得度のために、やりくりを複雑にするより、**管理をラクにして貯蓄に集中するほうがずっと家計には効果的です**。

カードと口座の流れの一例をＰ１１２に図解でまとめました。参考にしてください。

4-3 めちゃ貯まる人は「ほったらかしで貯まる仕組み」を愛用しています

貯蓄は専用口座にノータッチで振り分けます

貯蓄の口座は、出費の口座とは別にしましょう。生活費用の口座などで貯めていくと、苦しくなった時に簡単に下ろせてしまうからです。

めちゃ貯まる人は、**貯蓄を「ないもの」と思って貯めています**。「ないもの」と思うためには、財形などで給与から天引きで貯めてしまうのが一番確実です。

財形が利用できず銀行を使う場合も、次のようなやり方でなるべく「ノータッチ&ノールック」で貯められる仕組みを作りましょう。

●給与の振込先を貯蓄用口座に指定する

給与の振込口座を第二口座まで指定できる場合は、第二口座を貯蓄用の口座に指定しましょう。天引きと同じ感覚で貯められます。

●ネット銀行の自動入金機能を使う

ネット銀行を貯蓄用の口座にすれば、他行からの自動入金サービスが使えます。次のネット銀行では、毎月一定額を指定した口座から集金してくれるサービスがあるので、自分でＡＴＭに行くことなく、お金をネット銀行へ移動できます。

- **住信SBIネット銀行「定額自動入金サービス」**
- **ソニー銀行「おまかせ入金サービス」**
- **イオン銀行「自動入金サービス」**
- **ジャパンネット銀行「定額自動入金サービス」**
- **じぶん銀行「定額自動入金サービス」**

口座の整理とお金の流れの例

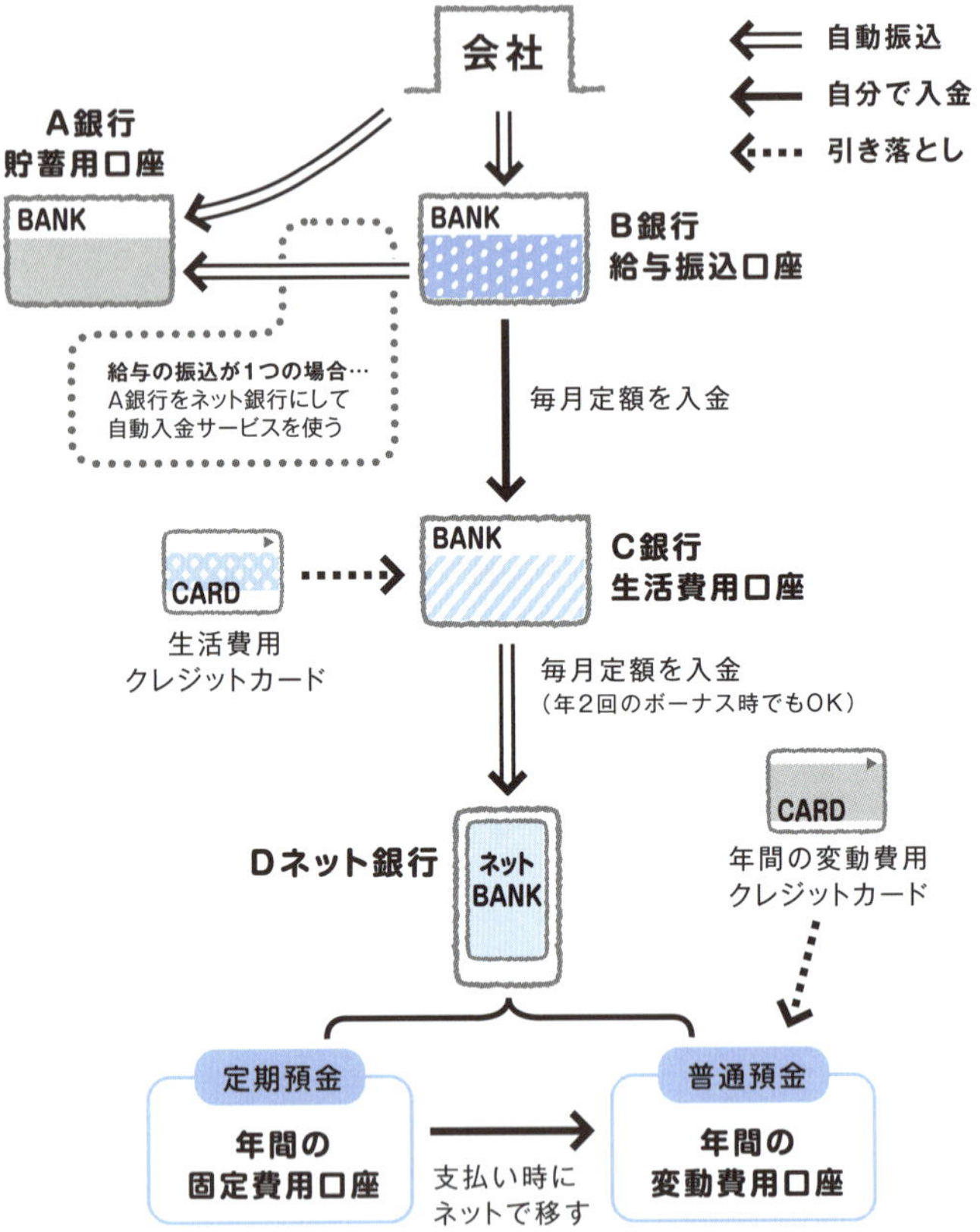

Dネット銀行（特別出費予算）への移動は、B銀行（給与振込口座）からでもOK。

4-4 月の出費の管理は「紙1枚」を目指します

家計簿は、収支一覧表さえ作れば成功です！

家計簿のつけ方は人それぞれですが、貯まる人ほど実践していることが1つあります。それは、**月別の収支一覧表をつけている**ということです。日々の出費はざっくり記録。月に一度集計して次のページのような表にまとめ、年間での各費目の動きを確認するのが狙いです。

これまで何度も繰り返し書いてきましたが、めちゃ貯まる人は年間いくら使ったかを重視します。毎月のやりくりは予算内で収まれば、赤字になることはないので、1円単位で見る必要はありません。ですが、**今年の食費は昨年と比べてどうだったのか、来年は出費がどう変わりそうかを予測するためには、やはり年間を通じて見渡せる記録が必要です。**

月別の収支一覧表は、家計簿の後ろによく載っていますので、見たことがある方も多いのではないでしょうか。

でも、家計簿をつけている人でもこれを1年間ちゃんと記録できる人は、なかなかいません。月末に集計して「今月は赤

月別の収支一覧表の記入例

			1月	2月	3月	4月	5月
収入			30万5000円	30万2000円	31万円		
貯蓄額			4万円	4万円	4万円		
支出	固定費	住居費	8万円	8万円	8万円		
		電気代	6400円	8300円	8700円		
		ガス代	5600円	6500円	6800円		
		水道代	7800円	0円	7400円		
		通信費	1万5300円	1万5600円	1万5500円		
		保険料	1万1000円	1万1000円	1万1000円		
		小遣い夫	3万円	3万円	3万円		
		小遣い妻	1万円	1万円	1万円		
		特別出費用	2万円	2万円	2万円		
		固定費計	18万6100円	18万1400円	18万9400円		
	変動費	食費	4万3000円	4万円	4万5000円		
		日用品費	8700円	9900円	9800円		
		交際費	1万3000円	1万7000円	1万4000円		
		その他	1万1000円	1万3000円	1万円		
		変動費計	7万5700円	7万9900円	7万8800円		
	支出計		26万1800円	26万1300円	26万8200円		
収入−貯蓄−支出			3200円	700円	1800円		

※費目と金額は一例です

字だった」「来月はもう少し引き締めよう」というところで終わっている人が多いのです。

めちゃ貯まる人が月別の収支一覧表をどのように活用しているのか、またどんな効果を感じているかご紹介しましょう。

●出費の変化を予測して、対策に使うLさん

「年末にこの収支一覧表を見ると、費目ごとの変化がわかる。子どもが成長して来年は食費が増えそうだから、ほかに削れそうな部分を探してみるなど、貯蓄を減らす前にできることを考えられます」

●貯蓄が少ない理由を確認するMさん

「出費全体を見渡せるのが便利。貯蓄があまり伸びなかった年は、前年と内容を比較すると、だいたい原因がわかります。自分のムダ遣いのせいではないとわかれば納得でき、落ち着いてやりくりできます」

●隠れたムダの発見に役立てるNさん

「毎年7月と8月の食費が高いので理由を考えたら、暑くて調理するのがイヤになり、総菜が増えるからだと気づいて。翌年は、意識して簡単なメニューを中心にしたら、食費が下がりました」

貯まる人は**年間のお金の動きを見て、より上手にお金を動かします**。先回りして予算を調整したり、削れる部分を探したりすることで貯蓄を守り、増やすことにつなげているのです。

日々の節約の威力を実感できます

収支一覧表を作ると、常に「年間ではどのぐらいか」を考える習慣がつき、日々の小さな出費や節約に対する意識も変わってきます。

チリも積もれば……

大変です。昨年の家計簿で収支一覧表を書いてみたら、私のママ友ランチやカフェ代が年間で10万円近くも！　もしかして夫の飲み会代より高いんじゃ……。

チリも積もればではありませんが、小さなムダ遣いほど繰り返しやすく、年間では大きな出費になりがちです。収支一覧表をつけると、毎月一度は「年間でいくら使ったか」を意識できるのがメリット。使いすぎに気づけたら、すぐ減らしていけるんです。

たしかに、途中で気づいていたらセーブしたはず。せっせと家計簿をつけてはいましたが、毎月赤字じゃないから気にならなかったんですよね。

収支一覧表をつけると日々のムダ遣いのこわさだけでなく、節約の効果もより強く実

感できていいですよ。たとえば固定費で５００円減らせれば年間で６０００円、食費を１０００円減らせば年間１万２０００円の貯蓄アップになると、数字がリアルに語ってくれます。貯まる人は、疲れた時にこれを見るとやる気が出ると話す人も多いです。

なるほど！　たしかに、やりくりを頑張って少しでも貯蓄に回そうと思えそう。今月から絶対つけます！

4-5 年間の出費の管理も「紙1枚」を目指します

年間の特別出費も一覧で記録します

めちゃ貯まる人は、年間の固定費や変動費も「何にいくら使ったか」を記録しています。

この記録も月の収支一覧表と同じく、紙1枚でまとめることが大事です。12ヵ月を1枚で見渡せると、頭に入りやすくなるからです。ちらっと見るだけで**「来月はあの出費がある」と自然に予測できるようになり、あわてず予算を用意できます。**

次のようなフォーマットを用意し、年間の固定費、変動費で払った出費はすべて記録していきましょう。

年間の特別出費一覧表の記入例

たま子さんの場合

	固定費		変動費	
	内容・金額	備考	内容・金額	備考
1月			帰省５万円	交通費３万円 お土産１万円 外食１万円
2月			洋服２万円	たま子： コートとニットを セールで購入
3月			靴１万円	夫：通勤用
4月			病院 2000円	たま子：風邪
5月			収納家具 １万 5000円	押入れの引き出し
6月	固定資産税 11万円		服・靴３万円	たま子：夏物上下 夫：ワイシャツ
7月	年払い保険料８万円	夫用	寝具 6000円 炊飯器２万円	シーツ・枕カバー 故障買い替え
8月	年払い保険料 12万円	学資保険	帰省５万円	交通費３万円 お土産１万円 外食１万円
9月			子ども誕生祝 5000円	プレゼント
10月	年払い保険料４万円	たま子用	予防接種 7000円 記念撮影１万円	インフルエンザ３人 子ども写真
11月	NHK年払い1万4000円		年賀状関係 １万円	年賀状100枚・インク
12月			年末関係３万円	クリスマスプレゼント 忘年会２回
合計	36万4000円		26万5000円	

※内容は一例です

月別にかかった年間の固定費と変動費を記入します。ざっくりでいいので内訳も書いておくと翌年の参考になり便利です。

年間の固定費は金額がはっきりしていますが、変動費は年によって増減するものです。旅行代は予算内だったけど、スーツケースの買い替えは想定外だった……など、見通せなかった出費も必ず出てくるもの。**記録をつけていくことで、予算と実態の差がわかります**。翌年は、この一覧表を見ればどのぐらい予算をとればいいかもわかり、削れる部分も検討しやすくなります。

月間収支一覧表と、年間の特別出費の一覧表。家計簿のやり方はそれぞれでも、この2つは作っていきましょう。

4-6 「あといくら」と「何にいくら」がパッと見てわかるシステムを持っています

日々の出費の管理が、貯蓄の力を伸ばします

貯蓄は、予算を守れてこそ目標を達成できます。予算を守るためには、「あといくら使えるか」がいつもわかる環境を整える必要があります。

年間の変動費と固定費は、専用口座を用意すれば残高＝予算の残金になるので、時々残高をチェックすればいいでしょう。使ったら、そのつど内容を通帳（ネット銀行の場合は明細画面）にメモしておけば、そのまま家計簿代わりになります。

問題は、日々の出費（毎月の変動費）です。食費や日用品費、交際費などは毎日のこ

となので、手間のかかるやり方では続きません。また、月別の収支一覧表を作るためには、「何にいくら使ったか」もざっくりでいいので記録しておく必要があります。めちゃ貯まる人はここを**できるだけシンプルにして、ラクに「あといくら」と「何にいくら」がわかる仕組みを作っています**。

いくつか、代表的な例をご紹介しましょう。

●袋分けで現金管理

① 費目別の袋を用意して予算を入れ、使ったらお釣りを戻します。
② 袋の中の現金＝予算の残金なので、「あといくら」のチェックは簡単。
③ 月末に各袋に残っている残金を最初に入れた予算から引いて、「使った金額」を出し、収支一覧表に記入。

現金派に多いのがこの袋分けです。費目別に最初からお金を分けてしまうので、残金チェックも月末の集計もラクなのがメリット。ただし、袋間の貸し借りをすると一気にややこしくなってしまう点に注意が必要です。

●家計簿で管理

①費目別に使った金額を記録する。

②週に一度は集計して、残金を確認。

③月末に各費目の合計を出し、収支一覧表に記入。

家計簿の場合は、**定期的に集計して残金を見るのがポイント**です。また、カード払いにしたものも、使った日付で記録して今月の出費として処理します。

家計簿はどうしても続かない、袋分けが面倒な人は次にご紹介するアプリを使った管理を試してみましょう。

アプリ1つで残金管理と集計が自動でできます

第2章でもお伝えした通り、最近はスマホの家計簿アプリが充実し、日々の出費の管理に利用する人が増えています。実際取材でも、忙しくて家計簿はどうしても続かなかっ

たけれど、アプリにしたら続いたという声はたくさん聞きます。アプリを選ぶ時は

・予算の残金（あといくら）が表示されること
・費目ごとの集計（何にいくら）が出せること

の両方の機能があるものを選びます。無料で使えて、シンプルでわかりやすいアプリを選んでみましたので、参考にしてください。

●袋分家計簿

袋分けの考え方がそのままアプリに。各袋（費目）の予算を決めたら、あとは支出を入力していくだけで、残り予算を表示してくれます。

●ノコリイクラLｉｔｅ

名前の通り、残金チェックに特化したアプリで、トップ画面に残金が出ます。残金に応じて青→黄→赤と色が変わるので、使うペースをより意識できます。

●おカネレコ

「2秒家計簿」のキャッチコピー通り、入力のしやすさはピカイチです。

このほか、第2章でご紹介したマネーフォワードとＺａｉｍもあります。アプリで残金を見ながらお金を使い、1ヵ月たったら費目別の合計額を月別の収支一覧表に記入すればＯＫです。

スマホの家計簿アプリは、できることや操作性がかなり違うので、「使いやすさ」は人それぞれ。ラクに長く使い続けるためには、**ランキングや口コミに惑わされず、自分に合うものを探すこと**が重要です。

4-7 お金のことに集中できる「時間」と「場所」を確保しています

お金は1ヵ所管理で、やりくりのストレスを減らします

取材で貯まる人のご自宅にお邪魔すると、たいてい家計簿や通帳、保険証券などは1ヵ所にまとまっています。何か確認したいことが出てきても、そこからさっと資料を取り出してきてくださるので、取材がとてもスムーズに進むのです。これは、やりくりにもそのまま同じことが言えます。

たとえば通信費の見直しをする時、現在の利用明細を探すことから始めるとやる気がそがれます。**思い立った時にさっと取り出せれば、ムダな出費の削減が早くできます。**

箱でも、引き出しでも、ファイルでもかまいません。とにかく**「お金のことはここを見れば全部わかる」**という専用スペースを作ってしまいましょう。

やりくり関係は、使用明細など毎月届く紙類の保管が多いので、届いたらすぐファイルできるよう専用のバインダーやファイルを用意しておきます。「場所」さえ作っておけば、あとは放り込んでいけばいいのでラクです。

まとめておきたいマネーアイテムの例

やりくり関係	・家計簿や袋分けのアイテム ・電卓　・ペン ・通帳類 ・水道光熱費の使用明細 ・クレジットカードの明細 ・給与明細　・源泉徴収票 ・大きな出費の領収証 ・医療費領収書、治療用に買った薬の領収証、治療関係の領収証など
保管書類関係	・保険証券 ・住宅ローンや家賃の契約関係の書類 ・携帯電話や通信費関係の契約書 ・年金手帳　・ねんきん定期便 ・銀行や証券会社の口座開設時の控え ・住民税通知書や確定申告書の控え ・そのほか契約書や控えなど

保管書類は頻繁に出し入れしないため、何の書類かわからなくなりやすいのが落とし穴。蛇腹ファイルなどに入れ、背ラベルや表紙に入っている書類を記入しておくと安心です。自分だけでなく家族もわかり、**万一のリスク管理にも役立ちます**。

マネータイムでお金の管理を習慣化します

家計簿がどうしても挫折してしまう。最初はやる気があっても、やりくりがなかなか続かない……という声は、今も昔も変わりません。

お金の管理を続けるために必要なのは、やる気より習慣化です。

貯まる人は、お金の管理を掃除や洗濯と同じように、日々のルーティンワークとしてこなしています。一度、習慣として身につけてしまえば、やる気に左右されることなく、ラクに続けていくことができます。

まずは1日5分でいいので、お金と向き合う時間を作ってみましょう。次のような、小さなお金の整理をしてみます。

・お財布からレシートを出して、家計簿やアプリに記録する
・使用明細や領収書を整理する
・貯蓄額をチェックする
・来月の特別出費を確認する

など、少しでもお金に関することに触れるだけでOKです。日々少しずつでも続けることで管理が習慣化し、**やるべきことがたまらずにすむメリット**もあります。

たとえ5分でも忘れていた支払いを思い出せたり、明日の行動を予測してムダな出費を防ぐ対策が立てられたり、貯蓄額を見てモチベーションを高められたり……、**その効果は決して小さくありません**。

テレビを見る前の5分。寝る前の5分。早起きして5分。どんなタイミングでもいいので、マネータイムを作ること。これを習慣化できれば、やりくりは必ず続けられます。

週・月・年で家計管理をスケジューリング

毎日5分のマネータイムは、日々のお金の整理に使う時間ですが、それとは別に定期的に家計全体をチェックする時間も作りましょう。毎月、3ヵ月ごと、年に1回の単位でやるべきことをリストアップしておけば、お金の管理をスムーズに進めていけます。

●毎月やること

・週末の15分は、予算残金を集計して確認
・月末の30分は、その月の決算と収支一覧表への記入

●3ヵ月ごとにやること

・総貯蓄額のチェック
・月別の収支一覧表で各費目の推移を確認
・支払った特別出費の内容と、予算残高の確認

・次の3ヵ月に払う特別出費の内容と予算を確認

●年に1回やること

・年末にその年の収入と出費、貯蓄の総決算
・年始に今年のお金の使い方を考え、予算を立てる
・固定費の見直し

といった具合です。

お金の管理は、やろう、やろうと思っていても忘れてしまったり、ほかの用事でうやむやになったりしがち。先に手帳などに予定として組み込み、**「やるべきこと」としてスケジューリング**してしまいましょう。

まとめ

1 疲れるやりくりはしない

ストレスのかかる管理は続かない。お金の流れをシンプルに整理して、やりくりの環境を整える

2 お金の流れを見える化する

出費は生活費と特別出費で口座を分ける。貯蓄も専用口座を作り、お金の流れを混ぜずに管理する

3 月別収支と特別出費の一覧表を作る

生活費の記録は1枚にまとめて、年間の推移をチェック。出費の変化を分析し、来年の予算に役立てる

4 残金がすぐわかる仕組みを持つ

貯蓄目標を達成するには、予算を守ることが原則。予算の残りがあといくらか、ラクにわかる仕組みを作る

5 お金について考える場所と時間を作る

家計簿や領収証、契約書などは1ヵ所で管理。1日5分のマネータイムで、お金の管理を習慣化する

chapter 5

めちゃ貯まるコストカット

――明確な優先順位がムダを貯蓄に変えていきます

point

1　疲れる節約は挫折します

2　必要ないものを目ざとく削ります

3　ケチケチせず、できるものだけ続けます

5-1 ただ削るのではなく「買う意味」を考えて取捨選択します

貯まる人は、「払いたくないお金」をとことん削ります

今の収入から貯蓄を伸ばすためには、今より支出を小さくすることがマスト。本章ではよりコンパクトな家計を目指します。

支出を削るというと、「節約が辛そう」「ガマンするのはイヤ」という声も聞こえてきそうですが、めちゃ貯まる人は**ストレスのたまる削り方は決してしません**。

第1章でもお伝えしましたが、貯まる人は限られたお金をよりよく使うにはどうしたらいいかを考えています。使い方を考えることで、使わなくていい出費がわかり、スト

レスなくムダを減らして貯蓄に変えていけるのです。

めちゃ貯まる人に共通する節約の基本ルールには、次の5つがあります。

①何を残すかを決める

真っ先に考えるのは、**何を削るかではなく何を残すか**です。家計の中で譲れないものは何かを考え、**優先順位の低い出費からカット**します。

②必要以上に払っている部分を削る

食費でも日用品費でも、**必要な部分がどこまでかを意識する**のが貯まる人。生活や心の潤いに必要なラインを見極め、それ以上の出費をカットします。

③お金を使わずにすむ部分を探す

貯まる人は出費そのものをやめることも検討します。**「なくてもすむ」「あるものを活用する」視点**を持つことで、出費を大きく削るのです。

④「当たり前」や「普通」を疑う

「このぐらいは普通」「持っているのは当たり前」と思い込んでいる出費ほど、慎重に検討。**見栄や世間体で使っているだけの出費はやめる、あるいはより自分に意味のある使い方に変えていきます。**

⑤ムリはしない

どんなに効果があっても、ストレスを感じる節約はしないのが貯まる人。前向きに長く続けるために、**自分がムリせずできる方法だけを取り入れます。**

出費をただ削るのは苦痛を伴いますが、必要ない出費やイヤイヤ払っているお金をなくすのは気持ちがいいものです。何が必要ないかを決めるのは自分。一つひとつの出費に向き合い、自分が納得できる削り方を考えてみましょう。

5-2 めちゃ貯まる人は「通信費」のムダをとても嫌います

半額以下にすることも可能な「スマホ代」の見直し

めちゃ貯まる人は、固定費をこまめに見直しています。とくに気にかけているのがスマホ代です。格安スマホもある今は、**場合によっては半額以下にすることも可能**など、家計の中でもとくに大きな節約効果が期待できます。

次のポイントをチェックして、スマホにかかっている「必要以上の出費」をふるい落としていきましょう。

●不要な有料コンテンツやサービスはすぐ外す

利用明細を見て、月会費を払っているアプリやサービスをチェック。1つずつは少額でも、重なればすぐ1000円、2000円の出費になり、固定費にのしかかります。**使っていない有料コンテンツや、契約した覚えのないサービスはすぐ解約を。**

●契約する通信量を見直す

生活や環境の変化でスマホの使い方も変わるので、今のプランが常にベストとは限りません。また料金プランもよく変わります。現在の通信量に対し、**多すぎても少なすぎてもムダ**になるので、定期的にショップやウェブサイトで見直しましょう。

●格安スマホに乗り換える

格安スマホには、3GB・通話機能付きで月1500~2000円程度のプランが多くあります。3GBは自宅にWi-Fiがあり、外での利用はSNSやメールが中心なら十分とされる量です。

このぐらいの使用量で、現在大手キャリアに7000円程度支払っているとしたら、

乗り換えだけで大幅なコストカットが可能です。

実際、貯まる人の取材でも格安スマホに乗り換えているケースは多く、その効果にとても満足していると話されます。

ただし、キャリアのメールアドレスが使えない、通話は課金制など使い方によっては不便さを感じる場合も。自分の使用状況をよく考えて判断しましょう。

スマホの使い方、金額に見合ってる?

スマホ代、毎月1万円もかかってるんだよなぁ。通話はカケホーダイだし、動画もそんなに見てるわけじゃないのに、なんでだろう?

月々の明細書はチェックしました?

明細を見るのが面倒なんだよね。でも調べてみるか……。通信プランは20GBだ。そうだ、月の途中で追加したくないから一番大きいプランにしたんだ。

家にWi-Fiがあって、外で動画をそれほど見ないなら、20GBは多いかも。そもそも、タメオさんはスマホで何をしているんです？

何って、メール見たり、ニュース見たり、SNSしたりとか？　主には通勤中のひまつぶし……ち、違う！　情報収集ですよ！

はたして1万円も払う価値がある使い方なのかどうか、この際考えてみては？　スマホに払ってもいいお金を考えてみると、どこを削るといいかも見えますよ！

5-3 病気や万一をむやみに心配せず、公的な保障をまず調べます

公的保障を覚えておくと、保険の入りすぎを防げます

保険は万一に備えて加入するもの。「もしも」を考えすぎてあれこれ加入し、肝心の貯蓄が手薄になってしまうのは本末転倒です。かといって、削りすぎていざという時に頼りにならないのでは、保険の意味がありません。

めちゃ貯まる人は、保険も**「どこまでが必要な範囲か」**をまず調べます。

どのぐらいの保険に入ればいいかは、その人のリスクや考え方にもよりますが、目安になるのは公的保障です。万一の時、公的保障で受け取れる部分を確認し、足りない部分を保険で補えばムダがありません。

主な公的保障には、次のようなものがあります。

●高額療養費制度

1ヵ月の医療費の自己負担が一定額を超えた時、超えた部分が戻ってくる健康保険の制度です。自己負担の上限額は、**70歳未満で一般的な収入（標準報酬月額28万円～50万円）の場合、約9万円です**。たとえ100万円の医療費がかかっても、上限額以上に払った部分は健康保険に申請すれば戻ってきます。最初から上限額までの支払いですむ、「限度額適用認定証」を発行してもらうことも可能です。

●傷病手当金

病気やケガなどで連続して会社を3日間休んだ後、4日目以降の仕事に就けなかった日に対し、健康保険から傷病手当金が支給されます。**受け取れる金額は、標準報酬日額（1日あたりの平均給与）の3分の2**で、最長1年6ヵ月まで。ただし、会社員の方のみで自営業の方にこの制度はありません。

●**遺族基礎年金**

国民年金の加入者が亡くなった場合、その遺族に支給されます。受給できるのは亡くなった人によって生計を維持されていた「子」または「子のいる配偶者」です。受給期間は子が18歳になった年度の3月31日まで（障害等級1級または2級の子は20歳に達するまで）。受給金額は年額で次の通りです（平成30年度の場合）。

77万9300円　＋　子の加算額…第1子・第2子は各22万4300円
第3子以降は各7万4800円

対象となる子どもが2人いる場合は、年額で122万7900円が受け取れます。

●**遺族厚生年金**

厚生年金加入者が亡くなった場合は、遺族基礎年金に加え、遺族厚生年金も受け取れます。対象者は「子」「孫」（18歳の年度末を経過していない、または20歳未満で障害等級1級または2級である時）と「子のいる妻」以外に、「子のいない妻」（55歳以上の夫、父母、祖父母も対象。ただし給付は60歳から）も対象となり、終身で支給となります（30歳未満で子がいない妻は5年間のみ）。

受給できる金額は、本人が受け取るはずだった老齢厚生年金の4分の3です。

また、妻が40～64歳の間は条件を満たすと「中高齢寡婦加算」として年額58万4500円（平成30年度の場合）も支給されます。

●住宅ローンの団信（団体信用生命保険）

公的保障ではありませんが、住宅ローンは契約者が死亡した場合、団信でローンの残債がなくなります。

また、がんや脳卒中など特定の疾病になった場合に同様に機能する疾病保障付きの団信もあります。万一の際、住居費の負担がなくなるのならば、必要な生活費の保障を少なく考えていいことを覚えておきましょう。

5-4 加入している保険を並べ、ムダになっている保障を見直します

まずは加入している保険を一覧にしましょう

保険は会社によって保障内容も保険料もさまざまで、新商品も次々に登場します。同じ保障内容でも見直しで安くなることや、同じ保険料で内容を充実させられることが多いので、めちゃ貯まる人は定期的にチェックし、必要なリスクになるべく小さな掛け金で備えています。

まず、持っている保険証券を用意し、P151のような保険一覧表を作成して、次のようなポイントを見直してみましょう。

チェック1　かぶっている保障がないか

医療保険に入っているのに、生命保険の特約に入院保障を付けているなど、**必要以上に同じ保障に加入していないか**をチェックします。

チェック2　保険料は総額でいくらか

保険料は月額だけでなく、保障期間全体で支払う総額をチェック。支払う総額と、受け取れる可能性がある保険金の金額や条件、リスクの重大度を検討してみましょう。**貯蓄でカバーできるリスクであれば、やめることも検討**できます。

チェック3　経済的リスクに見合った保障か

保障の優先順位は、万一の経済的リスクの重大度で考えるべき。残されて経済的に困る人がいない独身の人や、子どもが独立した家庭に多額の死亡保障は必要ありません。医療費助成がある子どもの医療保険なども、優先順位は低くなります。

チェック4　内容がわからない保障がないか

保障されるのは**どんな時か、またいつまでか**など、内容をよく確認。とくに特約などは、保障内容が薄いわりに高い保険料を払っている場合があるので注意しましょう。

死亡保障は収入保障保険に、がん保険は治療給付を

保険に入り直す際は、**保険料を削るだけでなく必要な保障があれば追加する**など、より充実した内容にする視点も大切です。

●死亡保障は、収入保障保険で保険料を下げる

収入保障保険とは、契約者が亡くなった場合の保険金が月額15万円などの年金型で支払われる保険です。契約期間の経過とともに受け取れる保険金の総額は少なくなる代わりに、一般的な定期保険と比べて保険料が格安です。死亡保障がもっとも重視されるのは、子どもが生まれた時で、子どもの成長とともに必要な保障は減っていきます。収入保障保険はそれに合致した仕組みを持っているので合理的です。

●働けなくなるリスクの考慮を

医療費は高額療養費制度もあり、短期間の入院なら経済的リスクも少ないもの。貯蓄でカバーする考え方もあります。むしろ備えたいのは、ケガや病気で長期間働けなくなってしまうリスク。**収入がなくなっても、住宅ローンや生活費はかかり続けます。**「就業不能保険」など、働けなくなるリスクに備えられる保障は検討してみてもいいでしょう。

●がん保険は、治療給付を手厚く

最近はがんの治療も入院が短く、抗がん剤などは通院で行うのが一般的です。そのため治療が長期化した場合、診断給付金と入院給付のみでは経済的なリスクが高まります。そこで検討したいのが**抗がん剤やホルモン治療などの治療ごとに、まとまった保険金が出る治療給付**です。1回につき10万円などの給付がある保険を追加しておくと、いざという時に収入減のカバーにもなり、実用的です。

保険を見直すポイント

①保障内容がかぶってないかチェックする

例 タメオさんの保険一覧表

ダブってる養老保険の特約をカット

医療保険に加入しているのなら、入院や手術の保障は保障額もわずかなので特約は外してコストカット

貯蓄が増えたら医療保険の優先順位を下げる

短期の入院は貯蓄でもカバー可能。貯蓄が増えたら解約を検討しても

	死亡保障	入院保障	通院保障	手術給付金
養老保険	100万円	特約1500円		特約3万円
医療保険		1万円 三大疾病特約 1万円	5000円	10~30万円

経済的リスクに備える保険を検討

長期の治療や、働けなくなるリスクへの備えが手薄。
治療給付ベースのがん保険や、就業不能保険などの検討を

□ 重複している保障

②保険は総支払い額で考える

保険料
3000円／月

× 12ヵ月 × 15年（加入期間） ＝ 54万円（合計額）

支払う価値があるか検討する

保険は見直さないのがもっともリスクです

保険は年々新商品が登場し、私たちが備えるべきリスクも環境や家族の変化などとともに変わってきます。定期的に見直すことで、同じ保険料でもより充実した保障にすることができ、今の自分にマッチしない保障にムダな保険料を払い続けるのも防げます。

保険を見直す際、保険ショップに行く人は多いと思いますが、ある程度知識がないと本当に自分に合う保険なのか判断できません。自分で調べる際、参考になる情報としてオススメは、毎年発売される『日経トレンディ』（日経BP社）や『週刊ダイヤモンド』（ダイヤモンド社）の保険特集です。その時の主な保険商品がずらりと紹介され、FPのコメントも充実。保障のポイントや解説がわかりやすく、スペックや保険料もまとめて比較できます。

5-5 「水道光熱費」は、お金がかかる根元に注目して、ケチケチせず減らします

電気・ガス・水道代は、ムリせず減らす環境を作ります

めちゃ貯まる人は電気やガス、水道代の節約に必死になったり、家族に強要したりしません。ちまちま節約してストレスをため、ほかでお金を使ってしまっては逆効果だからです。通信費などに比べると節約効果もそこまで大きくないので、基本は契約の見直しなどムリせずできることに徹しています。

ここでは、取り入れやすい節約技をご紹介します。

●より安い電力会社・ガス会社に乗り換える

電力もガスも自由化により、契約する会社を自分で選べるようになりました。それぞれネットで、どのぐらい安くなるかシミュレーションもできるので、一度調べてみるとよいでしょう。

●契約アンペアを下げる

電気の基本料金は契約するアンペアで上下するので、現在50アンペアなら40アンペアにするなど、１段階下げると安くできます。金額にして数百円ほどですが、年間で考えると一定の節約効果が見込めます。

●省エネ家電に買い換える

最近の家電は省エネ性が高く、電気代が安くすみます。とくに**エアコンや冷蔵庫などは買い替えにお金をかけても、長い目で見ればお得になる可能性が大**。買い換えた場合、どのぐらい電気代が安くなるかを調べられるサイトもあります。

しんきゅうさん（環境省）　https://ondankataisaku.env.go.jp/shinkyusan/

●早寝早起きする

電気代の節約には、早寝早起きも効果的です。実際、貯まる人の多くは夜早く寝て早朝から活動しています。早く寝ると、**電気代の節約はもちろん、ダラダラと飲食したり、ネットショッピングで散財したりといったムダも出ません。**疲れをためず元気でいれば、医療費の節約にもつながります。

●節水アイテムを活用する

水道から出る水の量は、1分間に約12リットルと言われています。シャワーで3分流しっぱなしにしたら36リットルです。水はこまめに止める習慣をつけるのが一番の節水、節約です。シャワーやキッチンの蛇口に水量を減らせる節水シャワーヘッドを付ける、洗い物は洗い桶を使うなど、節水アイテムを使う効果も侮れません。

5-6 「日用品費」はリストがカギ。必要量を把握してコストカットに励みます

めちゃ貯まる人は、ストックを持ちません

洗剤やシャンプー、ティッシュなどは特売を見るたび「腐らないから」と買いだめしがちです。しかし、安いからと必要以上に買っては、当然出費は多くなります。結局はその月に貯蓄に回せる部分が少なくなってしまうのです。

めちゃ貯まる人の家には、**日用品のストックがほとんどありません**。あっても1個で、なくなってから買いに行くという人が多いのです。日用品は買いだめをなくす。これだけで十分スリム化できます。

必要な日用品だけを買うために、めちゃ貯まる人が活用しているのがリスト。どんなやり方か、一例をご紹介しましょう。

①毎月必ず使っている日用品を書き出し、1ヵ月の必要数を記入する。
②月に一度、リストを見ながら在庫をチェック。不足しているものだけ「買うもの」としてメモする。
③メモしたものだけを購入すれば、今月必要な日用品だけを購入できるサイクルに。

ポイントは**必要なものをまとめ買いし、お店に行く回数を減らすこと**です。ドラッグストアは新製品や特売の誘惑が多く、シャンプーや洗剤がなくなるたびに行くと、そのつどムダ買いのリスクが高まります。特売に負けやすい人は月1回のまとめ買いにする、またはネットで買うようにしましょう。

5-7 「食費」は安く買うより使いきりを意識。削らないで減らします

食材はとにかく、使いきりを徹底しています

めちゃ貯まる人の冷蔵庫は、スカスカと言っていいほどスッキリしています。一方、貯まらない人の冷蔵庫は食材がぎゅうぎゅうに詰まっています。

冷蔵庫に食材がたまってしまうのは、使う量より買う量が多い証拠。**使いきれずに食材をダメにしていては、どんなに安く買ってもムダ**です。

貯まる人は次のような習慣を持ち、**使いきれる分しか買わず、買ったものは使いきる**ことを徹底しています。

●買い物前に在庫を確認する

あるものから使うのが、食費のムダを減らす基本セオリー。在庫を使う献立を考えて、足りないものだけを買えばムダが出ません。また、在庫があるのにうっかり同じものを買ってきてしまう失敗も防げます。

●冷蔵庫がカラになってから買い物に行く

新しい食材が冷蔵庫に入ると、古い食材は使いたくなくなるものです。冷蔵庫は定期的にカラにし、買ったものは食べきってから次の食材を買うルールを徹底することで、自然に食材のロスがなくなり、出費を減らせます。

●買い物に行く日を決める

「買い物は土曜と水曜」など、曜日を決めると食材を計画的に買うようになります。**買い物の回数が減ると、それだけ衝動買いも避けられ、余計なものを買わずにすむ**のです。足りないものが多少あっても、あるもので代用したり、乾物や缶詰でしのいだりすることで、在庫の使いきりにもつながります。

また、自炊が面倒で惣菜や外食に頼る頻度が高くなると、食費は一気に上がります。逆に言えば、**自炊さえ続けば食費は安く安定**するのです。

そもそも、惣菜や外食に逃げてしまうのは、帰宅が遅くなって作る時間がなくなったり、疲れておっくうになったりするのが原因。貯まる人はそうなる前に次のような先手を打っています。

・疲れて作りたくない　→レシピを見ないで調理できる献立にする
・夕方に献立を考えるのがおっくう　→週末にまとめて1週間分決めておく
・野菜の皮むきから調理するのが大変　→朝食のついでに下ごしらえだけしておく

外食1回の値段は、自炊の5倍相当とも言われます。自炊をラクにする時短家電や調理グッズへの投資は、外食が続くことを考えれば安いものです。

5-8 「衣服費」と「交際費」はブレーキルールを決めて、青天井になるのを防止

交際費はざっくりルールでコントロールしています

飲み会や贈り物など、付き合いにかかる交際費は変動も大きく、予算を守りにくい費目です。付き合いは大事ですが、かといってすべての誘いを受けていると、出費がどこまでもふくらんでしまいます。予算には限りがあるので、めちゃ貯まる人は次のようなざっくりとしたルールを決めています。

●飲み会は行きたいものだけにする

飲み会やランチは優先順位を決めて、行きたくないものや気が進まないものは思い

切ってやめてみましょう。「一度断ってそれきりになる関係なら、もともとその程度の付き合いだったということ」と、実際に断っても困らないという意見が多数です。

付き合いは続けたいが回数を減らしたい場合は、「これにこりずにまた次回誘って、とひと言添える」という上手な断り方をしている人もいました。

●二次会は回数を減らす

飲み会で盛り上がって二次会、三次会と参加してしまうと費用はどんどん高額に。終電がなくなりタクシーを使うなど、余計な出費も芋づる式に増えてしまいます。**2回に1回は断る、二次会は忘年会だけにするなどのルールを持つ**ことが、その場の雰囲気に流されないブレーキになります。

●ギフトは早割で安く調達する

母の日、父の日、クリスマスなど毎年恒例のギフトは、間際になると欲しいものが売り切れていたり、あっても高くついたりします。**どうせ買うのなら早めに探す**と、早割などお得に購入できるルートが使えます。

●うち飲み、うちカフェを提案する

楽しい友人とのおしゃべりは、お金をかければ盛り上がるというものでもありません。貯まる人はよく、好きなものを持ち寄って自宅で集まることを提案しています。食材を奮発してもみんなで割れば外食より安くなり、気兼ねなく楽しめます。

洋服は効率よく買い足すルールを持っています

クローゼットと冷蔵庫はとてもよく似ています。めちゃ貯まる人はどちらもスッキリ片付いており、貯まらない人はぎゅうぎゅうです。

洋服は嗜好性が高く、またセールの誘惑も多いので「欲しい」「安い」と思うとなかなか制御がききません。食材以上に「必要な分」を見極めるのが難しいアイテムですが、貯まる人は次のようなルールを持って、買いすぎを減らしています。

●着ていない服は処分する

クローゼットで着ていない服を減らすと、**「買ってはいけない服」がわかります**。似合わない色や形、衝動買いして手持ちの服と合わなかった服、着ていく場所がない服など、ムダになる買い方を自覚でき、次の買い物から気をつけられます。

●持っている服を把握する

何を持っているかを把握すると、**買い足したいアイテムが明確になります**。「ボトムスは十分あるから、今年の冬はニットを買い足そう」「そろそろ夏物のパンツを買い替えよう」など、予算を使う優先順位がはっきりするのです。買い足しアイテムが早めに決まることで、予算内でベストなアイテムを探すことができ、より満足度の高い買い物ができます。

●ワードローブの写真を持ち歩く

持っている服を把握するのが難しい場合は、「とりあえずワードローブの写真を持ち歩くだけでも効果がある」と話す、貯まる人もいます。出先で買いたいアイテムを見つけた時に写真をチェックすれば、似たような服をすでに持っていないか、手持ちの服で合わせられそうなものはあるかなどを冷静に確認でき、ムダな衝動買いを防げます。

●高くても長く着られる服を買う

めちゃ貯まる人は、あまりセールで購入しません。**安いものをたくさん買うより、定価でも本当に欲しいものを買い、長く着ること**を好みます。高くても着るたびに満足できると「あれも欲しい、これも欲しい」と目移りする物欲を消すことができます。好きなものは大切に着るので長持ちし、結果的に節約にもつながるのです。

みじめな身なりは貧乏を呼ぶ？

この前3年ぶりぐらいに、新しい服と靴を買ったんです。そうしたら、毎日がなんだか楽しくて！　ケチケチした気持ちがなくなって、お金のことも前向きに考えられる

ようになった気がします！

実は身なりに気を配りだしてから、貯まるようになったという人は多いんです。自分に自信が持てると行動的になれると言います。お金の情報を積極的に集めたり、新しい節約技にトライするなど、お金の使い方も変わってくるのだと思います。

わかります。節約しなきゃとヨレヨレの服でガマンしていると、どこかみじめで。用もないのにコンビニに入ってムダ遣いしていたのは、そんなストレスのせいだったのかも……。

自分が満たされないとギスギスして、余計なところにしわ寄せがいきます。人をうらやましく思ったり見栄を張ったり、お金の使い方がどんどんブレて出費も増加。ストレスを感じるほどのガマンは、やめたほうが自分とお金のためですね。

まとめ

1　金額ではなく買う意味を考える

高くても必要なものは買い、安くてもムダなものは買わない。お金の使い方を考え、優先順位の低いものから削る

2　保険は削りすぎず、払いすぎない

手持ちの保険を一覧にし、かぶっている部分をまず確認。リスクを整理して、必要な保障はより安く備える

3　ケチケチする節約はしない

疲れる節約を頑張っても続かない。契約の見直しや、ストレスなく習慣化できるものを取り入れる

4　安く買うより必要な分を買う

日用品は足りないストックのみ、食材は使いきれる分だけ買う。安く買うより買いすぎをなくすことに集中

5　ルールを決める

交際費や衣服費など、変動の幅が大きいものはルールを設定。ブレーキをかけて、使いすぎを防ぐ

chapter 6

めちゃ貯まる節税と投資

——貯蓄を増やせるお得な制度は、どんどん取り入れます

point

1　「難しそう」「面倒くさい」は損するもと

2　税金を減らして、貯蓄に変えます

3　投信積立を取り入れ、貯蓄と併用しています

6-1 お金のリテラシーを高め、税金を減らすことを意識しています

節税は貯蓄を伸ばす切り札です

本章では、貯蓄を加速させるために欠かせない、節税について取り上げます。

会社員の方は、税金を給与から天引きされているためあまり払っている意識がないかもしれませんが、めちゃ貯まる人は、この見えにくい税金にも目を向け、ほかの出費と同じようにいかにムダなく払うかを意識しています。

節税でお金を取り戻せれば、手取りの収入がアップするのと同じ。いかに多くの税金を取り戻せるかで、当然貯蓄額も変わってくるのです。

節税と聞くと難しく感じるかもしれませんが、会社員の節税は主に年末調整でできま

す。年末調整で所得を減らせる申告（所得控除）を出すと、その年の税金が減り、先に給与から払っていた税金から、安くなった部分が戻ってくる仕組みです。

つまり、たくさん節税するには**所得控除をできるだけ多く申告するのがポイント**。これだけ覚えておきましょう。

会社員でも節税は十分可能です

節税って言っても、会社員の俺たちはあんまり関係ないんでしょ？

そう思って何もしない人が多いのですが、節税は会社員の方でも十分できます。節税で毎年5万円取り戻せば、10年で50万円です。みすみす捨てるなんてもったいないと思いませんか？

ええっ！　そんなに戻るなんて聞いてない！　投資だってそんなに稼ぐのは難しいのに……。話がうますぎてあやしいな……。

あやしいも何も、れっきとした国の制度です。しかも節税は投資と違って確実。１年でも早く実施したほうが、生涯で取り戻せるお金もそれだけ増やせます。

早くやらなきゃ損ってことか。でも手続きが面倒くさいんじゃ……。

案ずるより産むが易し！　節税は一度行えば、毎年同じことの繰り返しです。できるものから取り入れて、さっそく今年から貯蓄を増やしていきましょう！

6-2 めちゃ貯まる人は「iDeCo」の節税効果に注目しています

めちゃ貯まる人から熱い支持。iDeCo愛用者が増加中です

最初にご紹介する節税テクは、iDeCo（イデコ・個人型確定拠出年金）です。iDeCoは、個人で老後の年金を準備しやすいよう、国が後押しする制度。毎月、一定額を60歳まで積み立てて運用します。老後資産の形成を目指すために、税金面でさまざまな優遇があるのが特徴で、中でも最大の恩恵は**掛け金が全額、所得控除に使える点**です。

ほんの数年前までは、確定拠出年金と言っても「何それ？」と聞き返されることが多かったのですが、最近は取材でも「iDeCo始めました」という人がたくさん増えて

きました。実際、国民年金基金連合会によれば、ｉＤｅＣｏ加入者は２０１６年から２０１８年にかけて3倍以上になるなど、急増中だそうです。ｉＤｅＣｏの節税効果や、どんな人が加入できるかなどを簡単に説明しますね。

●ｉＤｅＣｏに加入できる人

60歳未満で年金を納めているなら、基本的に誰でも加入できます。メリットが大きいのは、自営業やフリーランスなど年金の加入区分が第1号被保険者の方と、会社に企業年金や企業型の確定拠出年金がない会社員の方です。企業型の確定拠出年金に加入している場合は、ｉＤｅＣｏにも加入できるのか会社に確認が必要です。専業主婦の方も加入できますが、納税していないので節税メリットはありません。

●ｉＤｅＣｏで節税する流れ

会社員の場合、ｉＤｅＣｏの所得控除の申告は年末調整でできます。次のようなステップです。

①金融機関にｉＤｅＣｏの口座を開いて、毎月お金を拠出（積み立て）する
②10月頃、払い込んだ掛け金を証明する「小規模企業共済等払込証明書」が届く
③年末調整で②を提出する

年末調整の申告書は「小規模企業共済等掛金控除」の欄に金額を記入します。

●iDeCoで戻ってくるお金

では、ｉＤｅＣｏで節税すると、実際いくらぐらい戻るのでしょうか。節税できる税金は、「所得税」と「住民税」です。例として、タメオさんの場合をご紹介します。

企業型確定拠出年金や企業年金がない会社員のタメオさんは、ｉＤｅＣｏに月2万3０００円まで拠出できます（月５０００円～、上限は条件によって変わります）。仮にこの金額で毎月積み立てた場合、年間の掛け金は27万６０００円です。この金額が全額、所得控除の対象になりますが、27万６０００円が戻ってくるわけではありません。戻ってくるのは、ここから税率をかけた金額になります。

①所得税から戻る金額

所得税の税率＝5～45％（所得によって異なります。P178参照）

例 タメオさんの場合（所得税率10％）：27万6000円×10％＝2万7600円

2万7600円が年末調整で戻ってきます。

②住民税から戻る金額

住民税の税率＝10％（所得に関係なく同じです）

例 タメオさんの場合：27万6000円×10％＝2万7600円

2万7600円を、翌年の住民税から減らせます。

合計で年間5万5200円が戻ります。30年では約165万円です。

掛け金に対し15％以上（タメオさんの場合は20％）が戻ってくるわけですから、そのお得度はバツグン。**iDeCoでは毎年、手元のお金を増やしながら、老後の貯蓄も作っていけるのです。**

ちなみに、自営業者など年金の加入区分が第1号被保険者の方の場合は、月額6万8000円まで拠出できます（国民年金基金に加入している場合は、合計して6万8000円まで）。

上限まで拠出した場合、所得控除額は年間81万6000円にもなり、所得税率10％なら住民税と合わせて毎年16万3200円も節税できる計算になります。

※本書でご紹介する節税額のイメージは、課税所得ほか条件が変わらないものとした概算です。また、復興特別所得税は考慮していません。目安としてご覧ください。また、iDeCoでの節税額については、iDeCo公式サイトでシミュレーションが可能です（http://www.ideco-koushiki.jp）。

iDeCoの節税イメージ

タメオさんが毎月 **2万3000円** ずつ拠出した場合
（所得税10%、住民税10%で試算）

年間の掛け金 **27万6000円** が全額所得控除となるので…

所得税		住民税
27万6000円×10% **＝ 2万7600円**	＋	27万6000円×10% **＝ 2万7600円**

節税できる金額
＝ **5万5200円** が戻る!

10年間で **55万2000円**
20年間で **110万4000円**
30年間で **165万6000円**

所得税率の求め方

まず、課税所得を求めます。課税所得は、源泉徴収票（→P63）の「給与所得控除後の金額」から「所得控除の額の合計額」を引いた金額です。課税所得が出せたら、下の表に当てはめると所得税率がわかります。

課税所得	所得税率
195万円以下	5%
195万円超～330万円以下	10%
330万円超～695万円以下	20%
695万円超～900万円以下	23%
900万円超～1800万円以下	33%

※所得税率は最大45%まであります

6-3 投資は苦手だった人も、iDeCoではデビューしています

めちゃ貯まる人はiDeCoで投資信託を買います

iDeCoでは、拠出した掛け金をどんな金融商品で運用するか、自分で決める必要があります。定期預金や保険など元本保証がある商品もありますが、めちゃ貯まる人が選ぶのは投資信託です。

めちゃ貯まる人は安定を好み、投資は苦手な人が多いのですが、iDeCoは別。多少リスクをとってもより大きな資産形成が見込める投資信託を選ぶ人が多数派です。その理由を詳しく説明しましょう。

① iDeCoは投信積立にぴったりです

毎月、投資信託を定額で買い付ける手法は「投信積立」と呼ばれ、投資の中でも手堅い方法として知られています。株のように売買で利益を狙うのではなく、**長期間にわたってコツコツ購入し、リスクを分散しながら資産を大きくする手法**です。この手法はまさに、毎月定額を積み立て、長期にわたる運用が前提のiDeCoにぴったりです。

② 運用益が非課税のメリットを活かせます

iDeCoでは運用で得た利益が非課税です。仮に100万円の運用益が出た場合、通常の投資信託では約20％も税金が取られますが、iDeCoなら1円も払わずにすみます。利益が大きいほどこの恩恵を受けられるので、利益がほとんど出ない定期預金などでの運用では、このメリットはあまり活かせません。

③ 利益が利益を生み、大きな複利効果を狙えます

運用で得た利益は再投資することで、**利益が利益を生む複利効果が生じます**。仮に平均3％で運用できた場合、どのぐらいの利益が見込めるか試算してみましょう。

iDeCoは運用益が非課税でお得！

例 毎月2万3000円を30年間積み立て、平均3%で運用した場合

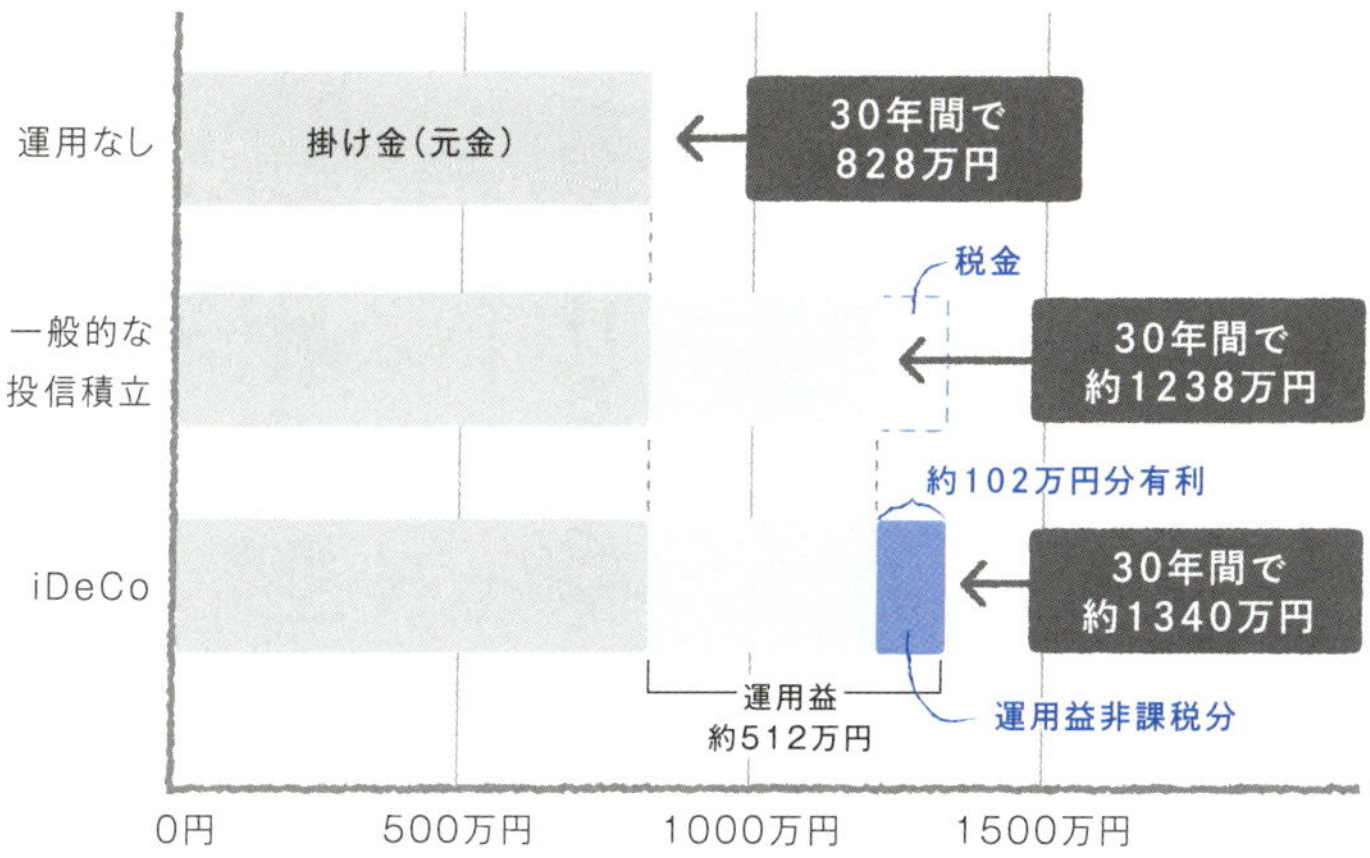

掛け金（元金）は30年間で828万円。平均3%で運用できた場合、運用益は約512万円です。一般的な金融機関での投信積立では、ここに約20%の税金がかかり、約102万円も引かれてしまいます。しかし、iDeCoは運用益が非課税のため、約512万円を丸ごと受け取れます。

※あくまで概算です。復興特別所得税や管理手数料は考慮していません。

6-4 細かい点に注意してiDeCoを最大限に活用します

手数料に気をつけることで、節税効果を上げられます

iDeCoは、税金面での優遇が大きいのが魅力ですが、手数料がかかる点などに注意が必要です。いくつかのポイントに気をつけて使いこなしましょう。

①できるだけ手数料の安い金融機関を選ぶ

iDeCoでは、どの金融機関でも運用に次の手数料がかかります。

・口座開設手数料（加入時に1回のみ）２７７７円
・口座管理手数料（毎月）１６７円

これ以外に、金融機関への手数料が毎月かかります。金額は金融機関によって異なり、０円～４５０円ほどと幅があります。**手数料の高い金融機関で始めると、節税効果が下がるので、できるだけ０円のところを選びましょう。**ＳＢＩ証券・楽天証券・マネックス証券・イオン銀行などがあり、いずれもネットで申し込みが可能。申し込み後に送られてくる書類に、基礎年金番号や掛け金の引き落とし口座などを記入して返送すると、専用サイトの口座が開設され、ＩＤとパスワードが送られてきます。あとは指示にしたがって口座にログインすれば、ｉＤｅＣｏを開始できます。

②60歳まで引き出せないので、掛け金に注意

節税威力が強力なｉＤｅＣｏですが、注意したいのは60歳までは引き出せない点です。掛け金は変更できますが、**途中で苦しくなっても、現金化して使うことはできない**ので、預貯金とのバランスを考えましょう。

また、何かの理由で仕事を離れ、税金を払わない期間ができると節税メリットがなくなります。掛け金の拠出を休止して、運用のみを行うこともできますが、**口座管理手数料は毎月かかる点**には注意が必要です。

③投資する商品も低コストで選ぶ

投資信託はプロが運用するので、手数料がかかります。

運用したい商品がとくにない、よくわからない場合は、**「インデックスファンド」の中で「バランス型」を選ぶのがオススメです**。「インデックスファンドのバランス型」は、これ1つで世界中の株や債券などに分散できる投資信託の商品です。

TOPIXのような指標をベンチマークとし、積極的な運用をしないのでプロも手間がかからず、**コストがとても安い**のが特徴。**成長は緩やかですが、負けにくい**ため初心者でもほったらかしで運用できます。

なお、運用できる投資信託の商品は、金融機関によってラインナップが異なります。すでに運用したい商品が決まっている場合は、その商品を取り扱っている金融機関を選びましょう。

自営業なら小規模企業共済も使えます！

自営業者の方やフリーランスなど、個人事業主の場合は、**小規模企業共済も掛け金が全額所得控除**になります。

ｉＤｅＣｏは60歳になるまで引き出しはできませんが、小規模企業共済には貸付制度があり、低金利で借り入れができます。ｉＤｅＣｏと併用することも可能なので、どちらも実施すればより多くの節税が可能です。

6-5 個人年金保険も貯蓄しながら節税できる金融商品です

運用利率は期待できませんが、節税できる分お得です

お金を貯めながら節税できるテクとして、iDeCo以外に個人年金保険もあります。

個人年金保険は、ほかの生命保険と同じように年末調整で「保険料払込証明書」を添付して出せばいいので、簡単です。

マイナス金利の影響で利率はよくありませんが、**節税メリットを考えるとお得です。**

個人年金保険で所得控除できる金額は、所得税と住民税で異なります。どんなに掛け金を多くしても、所得税は4万円、住民税は2万8000円までの控除です（詳しくは

Ｐ１８９を参照）。

では、月1万円の掛け金でいくら節税できるか計算してみましょう。今回も、タメオさん（所得税・住民税各10％）に登場していただきます。

①所得税から戻る金額

年間の保険料が12万円で８万円を超えるため、控除額は４万円です。

例 タメオさんの場合：４万円×10％＝４０００円

②住民税から戻る金額

こちらも年間保険料が５万６０００円を超えるため、最大の２万８０００円を控除に使えます。

例 タメオさんの場合：２万８０００円×10％＝２８００円

節税できる金額の合計は、合計６８００円となります。ｉＤｅＣｏと比べるとやや物足りなく感じますが、**年間12万円を貯蓄してこれだけ戻ってくるのはやはり大きいですね**。

なお、控除を受けるためには保険に「個人年金保険料税制適格特約」が付いている必要があります。年金受取人が契約者、またはその配偶者である、保険料の払込期間が10年以上であるなどいくつか条件があるので、加入時に確認するようにしましょう。

中途解約は厳禁。入りすぎてもメリットは変わりません

個人年金保険は所得控除できる金額に上限があり、**上限を超えれば掛け金が多くても節税できる金額は同じ**。月1万円程度で十分です。また途中で解約すると、元本割れする点にも注意が必要。続けられないような、ムリな掛け金は禁物です。

個人年金保険の節税イメージ

タメオさんが毎月1万円の保険料を払った場合
（所得税10％、住民税10％で試算）

年間の掛け金 **12万円** で 所得税 **4万円** 住民税 **2万8000円** が控除となるので…

所得税		住民税
4万円×10％ = **4000円**	＋	2万8000円×10％ = **2800円**

＝ 節税できる金額 **6800円** が戻る！

10年間で　**6万8000円**
20年間で　**13万6000円**
30年間で　**20万4000円**

個人年金保険料（新契約）の控除額

所得控除できる金額	保険料（年間）	控除額
所得税	2万円以下	支払保険料の全額
	2万円超～4万円以下	支払保険料×0.5＋1万円
	4万円超～8万円以下	支払保険料×0.25＋2万円
	8万円超	一律4万円

所得控除できる金額	保険料（年間）	控除額
住民税	1万2000円以下	支払保険料の全額
	1万2000円超～3万2000円以下	支払保険料×0.5＋6000円
	3万2000円超～5万6000円以下	支払保険料×0.25＋1万4000円
	5万6000円超	一律2万8000円

※旧契約（平成23年までに締結した保険）は、控除額が異なります

6-6 使える控除はもれなく申告します

使える「控除」は毎年確認を

年末調整や確定申告では、できるだけ多くの所得控除を出すほど節税に。左の表のように使える控除はいろいろあるので、該当すれば申告しましょう。

左の表の中で、「医療費控除」は病院でかかった治療費以外にも、薬局で買った薬のレシートなども対象です。家族の分も合算できるので、1ヵ所に保存しておきましょう。

使える年は忘れずに申告！　主な所得控除一覧

控除の名称	使える人と控除できる金額	タメオさんの節税イメージ（所得税10%、住民税10%）
地震保険料控除	地震保険料を払った人 支払った保険料の全額（住民税は1/2） 所得税：最高5万円 住民税：最高2万5000円	保険料が5万円なら 所得税：5000円 住民税：2500円
医療費控除（確定申告のみ）	1年間の医療費が10万円を超えた人 10万円を超える部分 （保険金などの補てんは差し引く）	医療費が13万円なら 所得税：3000円 住民税：3000円
セルフメディケーション税制（確定申告のみ）	薬局で購入した薬（スイッチOTC医薬品※）が年間1万2000円を超えた人 1万2000円を超える部分 （最高8万8000円まで）	薬代が3万円なら 所得税：1800円 住民税：1800円
配偶者控除	配偶者を養っている人 所得税：38万円 住民税：33万円	結婚して妻を扶養に入れたら 所得税：3万8000円 住民税：3万3000円
扶養控除（一般）	16歳以上の親族を養っている人 所得税：38万円 住民税：33万円	子どもが16歳になったら 所得税：3万8000円 住民税：3万3000円
扶養控除（特定扶養親族）	19歳～23歳未満の親族を養っている人 所得税：63万円 住民税：45万円	子どもが19歳になったら 所得税：6万3000円 住民税：4万5000円
扶養控除（同居老親等の老人扶養親族）	同居している直系の尊属（70歳以上の父母・祖父母など）を養っている人 所得税：58万円 住民税：45万円	年金受給者の親と同居したら 所得税：5万8000円 住民税：4万5000円
扶養控除（同居老親等以外の老人扶養親族）	同居せずに70歳以上の扶養親族を養っている人 所得税：48万円 住民税：38万円	離れて暮らす親に生活費を送り、扶養に入れたら 所得税：4万8000円 住民税：3万8000円

※節税額は概算。所得額などによって異なります

扶養控除の対象となる人は、「納税者と生計を一（同一生計）にしていること」「年間の合計所得が38万円以下（給与のみの場合は収入が103万円以下）」であることが条件となります。また、医療費控除とセルフメディケーション税制は、どちらかしか使えません。

※スイッチOTC医薬品…医療用から一般用に切り替えた医薬品。胃腸薬、風邪薬、頭痛薬、湿布など、対象商品は1000種類以上あります。

6-7 ふるさと納税でお米を貯蓄に変えています

実質2000円の負担で、1年分のお米も！

好きな自治体に寄附をすると税金が安くなり、さらにその自治体からお礼として地元の特産物などが届くため（すべての自治体ではありませんが）、大人気のふるさと納税。

ふるさと納税では、**寄附した金額のうち、2000円を超える部分が戻ります**。たとえば3万円の寄附をした場合は、2万8000円です。ほかの控除と違い、ここから所得税率や住民税率をかけて……というのではなく、この金額がそのまま戻ります。

返礼品には食材のほか、温泉券やコスメなどもあり、これらを実質2000円で受け取ることができます。やらない理由が見つからないほど、お得な制度ですね。

●返礼品で浮くお金を貯蓄に回せます

ふるさと納税は家計から出したお金が戻ってくる形なので、節税といってもお金が増えるわけではありません。ですが、**返礼品で生活費を浮かせることで、間接的に貯蓄を増やすことはできます**。

●お米代を貯蓄に変えるOさん

「ふるさと納税では毎年、米どころの自治体に寄附。実質負担2000円でお米を10キロ、20キロともらえるので家計が大助かり！　うちは共働きなので夫婦で申し込み、お米はほぼ買っていません。貯蓄がその分増えました」

●ふるさと納税はネットから申し込めます

ふるさと納税は、自治体と取りついでくれる次のようなポータルサイトから寄附するのが便利です。

ふるさとチョイス　https://www.furusato-tax.jp
ふるさとプラス　https://furusatoplus.com
楽天市場 ふるさと納税　https://event.rakuten.co.jp/furusato/
Yahoo! ふるさと納税　https://furusatonouzei.yahoo.co.jp

なお、自己負担額が2000円ですむ寄附金は、上限額があります。上限額は一人ひとり違いますが、これらのサイトでシミュレーション可能。

寄附は**1年間に何度実施しても、いくつの自治体に行っても、上限額を超えなければ自己負担は2000円**なので、上限額を調べて申し込みましょう。

会社員は、確定申告を省略できる特例があります

ふるさと納税で、寄附した金額を取り戻すには「寄附金控除」という控除を使います。

寄附金控除は、基本的には年末調整ではなく確定申告になりますが、会社員の場合は、

・給与所得のみである

・ふるさと納税を行う自治体が1年間で5つ以内である

の条件を満たせば、**確定申告を省略できる「ワンストップ特例制度」**が使えます。

手順は、次の通りです。

●ワンストップ特例制度での申請

①寄附する自治体に、ワンストップ特例制度の利用を申請する。

②寄附先から返礼品と一緒に「寄附金税額控除に係る申告特例申請書」が送付される。

③必要事項を記入し、必要書類と一緒に自治体へ返送する。

申請書は年1回まとめてではなく、寄附するたびに提出します。提出には期限があり、間に合わなかった場合は確定申告が必要です。返礼品が届いた嬉しさで、手続きをうっ

かり忘れてしまう人もいるので注意しましょう。
なお、ワンストップ特例制度を使った場合に戻ってくるお金は、**全額が住民税から控除されます**。天引きされる翌年度の住民税が減り、手取りが増える形で戻ることになります。給与明細をよく見比べて確認しましょう。

●確定申告を行う場合

ワンストップ特例制度の手続きを忘れた場合や、医療費控除などを使う年は、確定申告が必要です。確定申告は、自分で申告書を書くこともできますが、**国税庁のサイトにある「確定申告書等作成コーナー」**を使うと、計算も自動で行ってくれるのでラク。ふるさと納税をした人向けに詳しい解説もあり、手順にしたがって入力していけばいいので難しくありません。作成した申告書を印刷し、税務署に提出(郵送も可)すればＯＫです。

確定申告を使うと、お金は所得税からも戻ります。ただし、やはり住民税が多くなります。これは、住民税の控除に「特例分」が加わるためです。所得税率10％の場合、次のようになります。

●3万円を寄附した（2万8000円が戻る）場合

・所得税＝2800円
・住民税（基本分）＝2800円
・住民税（特例分）＝2万2400円

ワンストップ特例制度と確定申告では、内訳が少し異なる点だけ覚えておきましょう。

お金のリテラシーを高めると、貯蓄がどんどん加速します

お二人とも、トライできそうな節税テクは見つかりましたか？

iDeCoを始めると相当税金が戻るってわかって、さっそく口座開設しましたよ。あと、ふるさと納税と個人年金保険も始める予定ッス。

はやっ。うちは地震保険料控除の申告を忘れていることに気づいて大焦り！　これから所得控除に使える書類はまとめておこうって、専用のケースを作りました。

お二人ともすぐ行動に移していて素晴らしい。めちゃ貯まる人へ大きく前進しましたね！

やっぱりお金のことを勉強すると違うね。ＦＸにつぎ込んで失ったお金をｉＤｅＣｏかふるさと納税に回せていれば……。チキショー！

私もふるさと納税があまりに簡単でビックリ。難しそうって思い込んでいると、本当に損しますね。

たま子さんは納税していないので、ふるさと納税はご主人の名義で行ってくださいね。節税や投資の勉強をすると、お金のリテラシーがとても高まります。より上手なお金

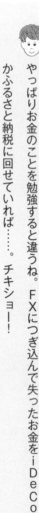

の使い方ができ、見過ごしている「損」にも気づけるので、貯蓄がどんどん増えます。あやしい儲け話やお金のトラブルからも、身を守れるようになれますよ。

なんだか一気にデキる主婦になった気分。ほかに何かお得な制度は？

今回は紹介できませんでしたが、つみたてＮＩＳＡもぜひ研究してみてください。ｉＤｅＣｏのところで紹介した投信積立に特化した制度で、節税はできませんが運用益が非課税なので、一般の証券口座で行うより有利です。

それ俺、調べましたよ！　運用期間が20年あって、途中で引き出しも自由だからｉＤｅＣｏより使い勝手がいいんスよね。

タメオさん、すごいじゃないですか！　その調子でこれからも頑張ってくださいね！

もしタメオさんが次の節税テクを使ったら…

	年間で払う金額	タメオさんの節税イメージ		
		所得税	住民税	合　計
iDeCo	27万6000円	2万7600円	2万7600円	5万5200円
個人年金保険	12万円	4000円	2800円	6800円
ふるさと納税	3万円	0円	2万8000円	2万8000円
合計	42万6000円	3万1600円	5万8400円	9万円

※所得税10%、住民税10%で試算
※ふるさと納税はワンストップ特例制度を利用した場合

節税できる金額

＝ **9万円** が戻る！

10年では　**90万円**
20年では　**180万円**
30年では　**270万円**

タメオさんが iDeCo と個人年金保険、ふるさと納税を上記の金額で開始した場合、年間で 9 万円の節税に。30 年では 270 万円にもなります。ただし、どの人も節税できる金額は納めた税金が上限です。住宅ローン控除を使う場合などは、この限りではありません。

まとめ

1 節税に注目する

税金を減らせると、手取りの収入が増える。お金のリテラシーが高まり、より上手にお金を使える

2 節税の仕組みを覚える

節税で戻る税金は、所得税と住民税。年末調整か確定申告で、使える「所得控除」をすべて申告する

3 老後の資産形成にiDeCoを始める

老後のお金を貯めるならiDeCoが節税面で有利。掛け金が全額所得控除でき、運用益も非課税になる

4 個人年金保険は掛け金に注意する

控除できる金額には上限があるので、多く掛けても効果は同じ。中途解約しないことも大事

5 ふるさと納税の返礼品で貯蓄を増やす

ふるさと納税は返礼品で生活費を浮かせて、貯蓄に回すのがコツ。寄附できる上限を調べるのもポイント

貯蓄が2倍になるワーク

できたこと、やったことにチェックを入れましょう。

chapter 1

□欲しいものリストを作る（↓P22〜）
□欲しい理由を書き、優先順位をつける（↓P23〜）
□1日1個、不用品を処分する（↓P29〜）
□自分のムダ買い傾向を知る（↓P30〜）
□衣食住を大切にする（↓P34〜）

chapter 2

□1ヵ月の出費と貯蓄の内訳を記録する（↓P44〜）
□年間の生活コストを計算する（↓P55〜）
□ライフプラン表を書く（↓P58〜）
□給与明細をチェックする（↓P61〜）
□源泉徴収票から手取り年収を計算する（↓P63〜）
□残高一覧表を作る（↓P67〜）

□ネットバンキングを利用し、残高を把握しやすくする（↓Ｐ70～）
□ＩＤ・パスワードの控え帳を作る（↓Ｐ71～）

chapter
3

□年間で予算を立てる（↓Ｐ77～）
□月収とボーナスから各予算を取り分けるパターンを決める（↓Ｐ83～）
□予備費を用意する（↓Ｐ87～）
□各予算で買う範囲を決める（↓Ｐ89～）
□個人の出費は小遣いの中でやりくりする（↓Ｐ90～）
□毎月の先取り貯蓄の金額を決める（↓Ｐ94～）

chapter
4

□出費の口座を３つに分ける（↓Ｐ１０３～）
□クレジットカードも予算と連動させる（↓Ｐ１０８）
□貯蓄用の口座に自動＆手数料無料で振り込む仕組みをつくる（↓Ｐ１１０～）
□月別の収支一覧表を作る（↓Ｐ１１３～）
□年間の特別出費の一覧表を作る（↓Ｐ１１９～）
□予算の残金と集計結果がすぐわかるようにする（↓Ｐ１２２～）
□マネーアイテムを１ヵ所にまとめる（↓Ｐ１２７）

chapter 5

□1日5分、お金と向き合う時間を作る（↓P129～）
□定期的に家計全体をチェックする（↓P131～）
□通信費を見直す（↓P139～）
□加入している保険を一覧にし、見直す（↓P147～）
□電気・ガス・水道代を減らす環境を作る（↓P153～）
□必要な日用品のリストを作る（↓P156～）
□食材の使いきりを徹底する（↓P158～）
□交際費のルールを決める（↓P161～）
□服を買う場合のルールを決める（↓P163～）

chapter 6

□iDeCoについて調べてみる（↓P173～）
□個人年金保険も検討する（↓P186～）
□使える控除はもれなく申告する（↓P190～）
□ふるさと納税を利用する（↓P192～）

おわりに

最後までお読みいただき、ありがとうございました。お金に向き合うことは、人生に向き合うこと。お金を大切に使うことは人生を大切にすることなのだと取材を通じて学び、私自身のお金に対する考え方も大きく変わりました。お金の管理さえできれば、暮らしも自分も前向きになり、貯蓄は必ずあとからついてきます。苦しい時こそ焦らず、またうまくいっている時ほど手を抜かず、1人でも多くの方がお金の管理の大切さを思い出していただけますように。

最後に、前著に引き続き編集を担当してくださった鈴木ひろみさん、リベラル社の皆様、素敵なイラストを描いてくださった前田はんきちさん。最後まで支えてくださり、本当にありがとうございました。そして、本書を出版するきっかけをくださった全国のめちゃ貯まる皆様に、心から敬意を表するとともに、深く感謝申し上げます。

著者プロフィール

大上 ミカ（おおうえ みか）

マネーライター・ファイナンシャルプランナー

株式会社カクワーズ代表。雑誌『サンキュ！』（ベネッセコーポレーション）を中心に、数々の生活情報誌や女性誌、ウェブサイトでお金に関する記事を取材・執筆。また地域の家計相談やセミナーも実施。著書に『お金が勝手に貯まりだす暮らし』（リベラル社）がある。

株式会社カクワーズ
https://www.kakuwords.com

[参考文献]
税金を減らしてお金持ちになるすごい！方法（河出書房新社）

監修（第6章）　株式会社 Money＆You
イラスト　前田はんきち
装丁デザイン　宮下ヨシヲ（サイフォン・グラフィカ）
本文デザイン　渡辺靖子（リベラル社）
編集　鈴木ひろみ
編集人　伊藤光恵（リベラル社）
営業　大野勝司（リベラル社）

編集部　堀友香・上島俊秀・山田吉之・高清水純
営業部　津村卓・津田滋春・廣田修・青木ちはる・榎正樹・澤順二

収入が増えなくても貯蓄が2倍になる方法

2018年10月1日　初版

著　者　大　上　ミ　カ
発行者　隅　田　直　樹
発行所　株式会社　リベラル社
〒460-0008 名古屋市中区栄 3-7-9 新鏡栄ビル8F
TEL 052-261-9101　FAX 052-261-9134
http://liberalsya.com
発　売　株式会社　星雲社
〒112-0005 東京都文京区水道 1-3-30
TEL 03-3868-3275

 ISBN978-4-434-25099-6